U0483135

# 数字化时代财务管理创新研究

王志娟　蒋文兵◎著

吉林出版集团股份有限公司
全国百佳图书出版单位

**图书在版编目（CIP）数据**

数字化时代财务管理创新研究 / 王志娟，蒋文兵著. -- 长春 : 吉林出版集团股份有限公司，2023.6
ISBN 978-7-5731-3936-8

Ⅰ. ①数… Ⅱ. ①王… ②蒋… Ⅲ. ①财务管理 - 研究 Ⅳ. ① F275

中国国家版本馆 CIP 数据核字 (2023) 第 126886 号

# 数字化时代财务管理创新研究

SHUZIHUA SHIDAI CAIWU GUANLI CHUANGXIN YANJIU

著　　者　王志娟　蒋文兵
责任编辑　赵　萍
封面设计　李　伟
开　　本　710mm × 1000mm　1/16
字　　数　220 千
印　　张　12.25
版　　次　2024年1月第1版
印　　次　2024年1月第1次印刷
印　　刷　天津和萱印刷有限公司

出　　版　吉林出版集团股份有限公司
发　　行　吉林出版集团股份有限公司
地　　址　吉林省长春市福祉大路 5788 号
邮　　编　130000
电　　话　0431-81629968
邮　　箱　11915286@qq.com
书　　号　ISBN 978-7-5731-3936-8
定　　价　74.00 元

# 作者简介

**王志娟** 1982年出生，女，汉族，甘肃武山人，博士研究生。研究方向为企业管理。

**蒋文兵** 1979年出生，男，汉族，甘肃金塔人，工商管理博士，大数据工程师，兰州城市学院城市经济学院副院长，甘肃政法大学硕士研究生导师，俄罗斯奔撒国立大学硕士研究生导师，副教授。主要讲授《管理学》《企业资源计划》《智慧城市》等课程，研究方向为企业管理、智慧城市和大数据分析。发表论文20余篇，其中SCI收录3篇，SSCI收录1篇。出版专著1部。取得6项软件著作权，主持校级科研基金项目3项，甘肃省教育厅青年博士基金项目1项，甘肃省重点研发计划项目1项，兰州市哲学社会科学规划项目1项。指导学生在各类学科竞赛中获得多项奖项。

# 作者简介

# 前　言

数字技术是当前世界各国都在经历的新一轮技术革命，这样的时代背景促使着企业踏上数字化的发展道路。数字技术以其“连接、分析、智能”的演进路径，改变着传统的时间和空间建设模式，不断地推动着企业的数字化转型，在改变企业运营方式的同时也在重塑世界经济面貌，这样的改变也使得人类社会生产方式、生产关系、经济结构和生活方式等方面都发生了变化。各行各业的企业逐渐成为“数字原生代”中的一员，全球经济也将因此进入数字经济时代。在这样的时代背景下，人与人、人与物、物与物之间互联互通，数据量以固定比例增长，市场上以数据为基础的新产品、新模式、新体验层出不穷，不难看出，对数字经济时代来说，数据俨然已经成为各企业的重要资产。

作为企业经营成果的重要表现形式，财务数字化是企业数字化转型的关键。企业可以通过实现财务数字化达到企业数字化转型的目的。中兴新云团队一直是财务数字化和财务转型的积极探索者和实践者。2005 年，团队建立了中国第一个财务共享中心，实现了财务的工业化革命；2006 年，团队首先提出“战略财务、业务财务、共享财务”的财经管理模式，这些专业名词为业界广泛接受。通过战略财务，用数据为管理层决策提供正确的“情报”；通过业务财务，深度参与企业价值链的各个环节，多维度支持企业的经营发展；通过共享财务，实现财务的专业化、标准化、流程化和信息化。财务共享是财务转型的第一步，未来，财务部门还将不断地进行升级再造，从而实现财务的数字化。

财务部门作为组织中处理数据的主要部门，将不再局限于报表中的一个个冰冷的数字，而能够囊括诸如宏观经济、组织行为、供应商生产、消费者偏好等企业运营的所有数据；财务工作更多的是一种数据分析、应用和价值的提升，而不再单纯依赖于传统的模块管理、人工决策和单向操作；财务人员在输出报告和信息的同时更应该对数据进行分析，为企业决策和业务提升提供数据背景支持。企业对财务管理的科学化、前瞻性和数据化处理要求越来越高，财务部门的下一个革新将是成为数据驱动的决策中心，通过将数据信息输出到管理和业务经营领域，更好地推动业务和经营工作。连接、开放、共享和生态成为财务转型、构建数字财务的关键词。数字经济时代，企业将向财务团队寻求最佳的管控、治理与战略决策之道，而财务牢牢把握机会的关键就在于明确数据价值，尝试新的技术应用，并且加强自身的研发、整合，将财务数字化融合为财务组织变革、财务人员综合化等更深层的领域，实现业财融合、数据驱动决策的终极目标。财务部门要能够发挥关键的领导作用，实现从传统的价值守护到价值创造，帮助企业适应数字浪潮带来的诸多变革与挑战，确保其更加高效、敏捷，更具竞争力。

本书第一章为绪论，从三个方面展开叙述，分别是数字化时代财务管理的目标、数字化时代财务管理的主体、职能以及数字化时代财务管理的原则；第二章为数字化时代财务管理的创新方向，从两个方面展开叙述，分别是思维方向和技术方向；第三章为数字化时代财务管理创新的挑战与变革，从三个方面展开叙述，分别是数字化时代财务管理创新的积极影响、数字化时代财务管理创新的风险挑战以及数字化时代财务管理创新的变革路径；第四章为数字化时代财务管理模式的创新，从三个方面展开叙述，分别是数字化时代财务管理模式四个维度、数字化时代财务管理模式的认知框架以及数字化时代财务管理模式的应用初探；第五章为数字化时代的财务管理创新实践，主要从三个方面展开叙述，分别是财务共享、智能化财务管理以及财务大数据。

在撰写本书的过程中，作者得到了许多专家学者的帮助和指导，参考了大量的学术文献，在此表示真诚的感谢！限于作者水平有不足，加之时间仓促，本书难免存在一些疏漏，在此，恳请同行专家和读者朋友批评指正！

王志娟　蒋文兵

2023 年 3 月

# 目 录

# 第一章　绪论

本章内容为数字化时代财务管理概述，从三个方面展开叙述，分别是数字化时代财务管理的目标，数字化时代财务管理的主体、职能以及数字化时代财务管理的原则。

## 第一节　数字化时代财务管理的目标

简要来讲，企业财务活动在一定环境和条件下追求的目标，这句话很好地诠释了财务目标的含义。财务目标不仅指明了财务管理的基本方向，也为评价企业财务活动合理与否设立了方向。确定好财务管理的方向是起始点，但是并不意味着到此为止，财务目标贯穿始终，是财务决策的基础，是财务活动的依据，是绩效考核制定的标准。数字化背景下，我们认为财务的发展目标实际上包含和融合了传统财务目标。也就是说，传统财务目标和数字财务目标两部分构成了整个数字化时代财务管理的目标。

### 一、传统财务目标

#### （一）利润最大化

以利润最大化作为企业财务管理的目标是具备合理性的。从狭义上来说，在初始资本不变的基础上，利润越多则企业资金利用率越高，抵御风险的能力也就越强，在市场上也比其他企业拥有更强的市场竞争力。从广义角度讲，企业利润与可生产产品数量呈正比，产品数量的多少也能够反映企业对社会的贡献度。但从另外一个角度来说，企业以利润最大化为目标也具备一定的局限性。利润最大化能够在一定程度上反映出社会财富的极大化，结合经济性假设，如果每个企业都将利润最大化作为追求目标，就会促使着利润决定资本向利润最大的行业和企业流动，这种情况将对社会的整体发展产生消极影响。

除上述情况外，利润最大化也存在一定的弊端。首先，在利润产生的同时忽略货币时间价值的特点。利润是一个绝对指标，是不变的，因其并未考虑投入和产出之间的关系，所以利润的最大化不能证明利润率也达到了最大化。其次，盲目追求利润最大化会影响企业从长远角度进行投资决策，经济资源的大量牺牲使企业无法实现长期创收。如此说来，利润最大化并不能准确反映出经济效益水平的高低。其既不能在不同企业之间进行对比时提供参考价值，也不能代表同一企业在不同时期的实际利润率。此外，无法合理分配股东与经营者之间的利益分配问题也是利润最大化存在的一个缺陷。

### （二）每股收益最大化

每股收益最大化囊括了公司利润和股东投入的资本，是一种企业追求股东利益最大化的方式。与利润最大化相比，其能够代表企业的财务目标，克服了利润最大化目标的局限性，直接反映所得利润与成本投入的产出关系。自 19 世纪 60 年代以来，随着股份制企业迅猛发展，市场经济体制的不断完善，每股资本收益最大化已经成为数字化时代下大多数企业的财务目标。

与利润最大化一样，每股收益最大化也存在一定的局限性，未考虑资金的时间价值、风险价值，也忽略了资本投入和利润获取的时间性和连续性。与此同时，每股收益最大化只考虑了股份制企业，因为每股收益的计算是基于每一股所对应的利，所以非股份制企业难以使用该指标。此外，与利润最大化一致，每股收益最大化没有考虑市场环境，同时，根据盈余管理的相关理论，经营者有足够的动机粉饰业绩，所以在一定程度上缺乏客观性。

### （三）股东权益最大化

用股票市价代表股东权益是股东权益最大化的代表思想，简要来说股票市价最大化就意味着股东权益最大化。美国是股东权益最大化的典型代表国家，企业股东多以自然人为主，通过股票买卖行为参与企业财务决策，但不会实际控制企业财权。股东持票越多拥有的投票权就越多，对企业决定的影响也就越大。股价作为除利润、每股收益之外的另一个具体的可量化指标，直接关系到职业经理人的报酬，是企业财务决策时不可忽略的关键一环，最能代表股东权益。股价最大化也是实现股东权益最大化的一条重要途径。值得注意的是，除企业经营业绩外，其他外部环境如投资者的心理预设、国家政治形势和经济政策也会对股价的波动产生影响。在这样的背景下，股价并不能客观准确地反映出股东的业绩情况。只将股东权益最大化作为企业经营的目标不利于号召规范企业行为、培养员工统一认知，也将忽略其他利益相关者的权益。

### （四）股东财富最大化

股东财富最大化的说法最早起源于美国，可以概括为通过财务上的合理经营，以股价为媒介使企业价值达到最大化，为股东带来更多的财富。持这种观点的学者认为，股东财富最大化与利润最大化、每股收益最大化、股东权益最大化三者相比更加综合全面，因股东财富最大化充分地考虑了资金的时间价值和风险因素，促使企业决策者做出最有利于实现企业总价值最大化、股东财富最大化的财务决策。

虽然股东财富最大化相比其他三者更加全面，但其并不是一个具体的目标，存在一定的局限性，以上市公司为例，股价的波动虽然可以代表财富价值，但股价的波动情况易受诸多外界因素影响，其并不能完全反映出企业业绩情况，更不能代表上市公司的财富值的多少。实际上很难用某一个具体的量化目标来衡量股东财富最大化，在实现股东财富最大化的同时如何保证股东、债权人、经营者等其他财务关系的利益，是企业经营者必须考虑的因素。对于企业所有者来说，他们是企业全部财富的最终所有者，而股东财富最大化则认为所有企业财务关系人都拥有企业财富的分配权。这两者所追求的目标是互相矛盾的。

### （五）企业价值最大化

企业价值最大化观点认为，企业价值最大化就是通过企业财务上的合理经营，采取最优的财务政策，同时充分考虑货币的时间价值和风险与报酬的关系。在实现企业稳定、长期发展的基础上，不断增加企业的财富，使企业价值达到最大化。企业价值除了企业存量资产的重置价值外，还包括人力资本价值、无形资产价值以及潜在的获利能力，这些是其他目标没有考虑的重要价值。

企业价值最大化追求的是企业资产的价值，各种资产的投入回报又来源于对资产最有效的配置和最合理的运用，它要求的对象是企业的总资产，财务目标主体是利益相关者的企业，而不仅仅是股东的企业；利益指向是企业价值，体现了利益相关者的共同利益，而不仅仅是股东的利益；目标是如何“做大蛋糕”而不是如何“分配蛋糕”。

## 二、数字财务目标

数字财务目标并非单一的财务目标。在数字化的发展中，无论是利润最大化、每股收益最大化、股东权益最大化、股东财富最大化还是企业价值最大化，这些传统财务目标在企业内部供企业自行选择以实现内部价值最大化，同时在企业外部实现利益共同体的价值最大化。数字财务目标的内部演进，如图 1-1-1 所示。

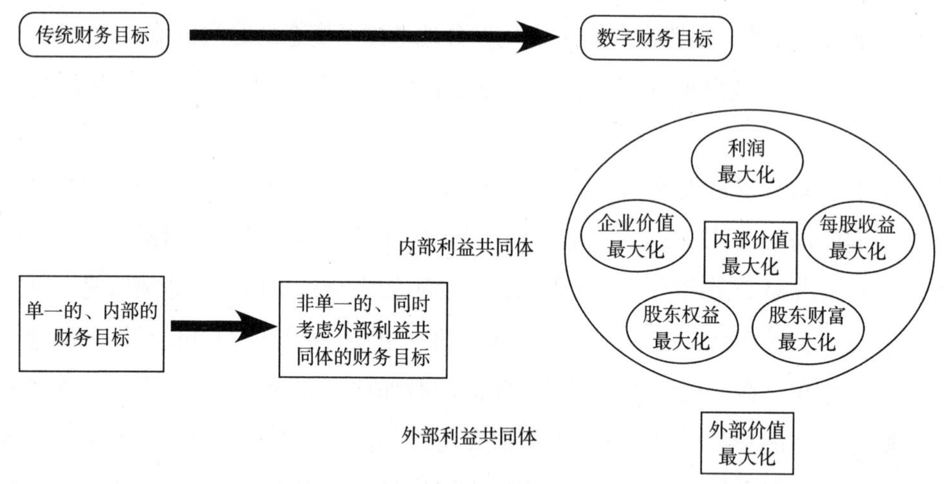


**图 1-1-1　数字财务目标的内部演进**

数字财务目标实现了从传统的价值守护到价值创造的过程。数字化转型是传统企业的变革之道。数字化转型的对象有三类：业务对象、业务流程和业务规则。聚焦于财务来看，财务数据是业务对象，是企业数据的心脏；财务活动是业务流程，如记账等活动；财务活动所依据的规则，如会计准则等，就是业务规则。

企业若想在信息技术迅猛发展的浪潮中稳步渐进就必须优化业务流程，完善客户目标确定方法。对大数据时代下的财务管理目标来说，占主导地位的信息资源需要同时具备共享性、可转移性两种特性，财务管理内容往往与财务信息的更新、内容的丰富、应用范围的不断深化和扩大有着密切的联系。因此，为了实现企业价值最大化，平衡各利益相关者的收益，应结合各类影响因素，通过多元化发展模式进行企业财务目标管理。而多元化发展模式离不开创新思维，为了实现财务管理模式的创新，管理者必须转变管理思维，适当摒弃分散式、局部式的陈旧管理模式，结合企业实际情况实行工作远程处理、领导集中管理的模式，实现财务管理外延发展以适应当前信息时代的迅猛发展。一定程度上，财务管理模式的转变能够实现实时监控企业财务状况，及时规避财务风险。同时，利用财务管理模式创新，能够保持集团的控制力，避免出现“尾大不掉”的情况，提升企业整体的竞争力。

## 第二节　数字化时代财务管理的主体、职能

### 一、数字化时代财务管理的主体

当前，线上线下相结合的经营模式相较于单纯的实体线下经营模式来说，更适合当下数字化时代的发展背景，人工智能、云计算等高新技术的发展和应用促使企业的发展方向和经营模式发生着转变，为了更好地实现和推动企业的发展，财务管理的主体必须将线上发展和其对应的虚拟组织考虑其中，从发展方向和经营模式上做好线上与线下、实体与虚拟的结合。这就要求，企业进行财务管理时必须加强对信息流的理解和重视，不能继续将关注的主体局限于资金流的发展，如果不能做好信息流和资金流之间的平衡和结合，企业将不能适应数字化时代的发展。

### 二、数字化时代财务管理的职能

#### （一）财务职能及其影响因素

财务职能简单来讲就是核算、管理、监督职能，主要体现在企业筹资、用资、耗资、分配等企业经营活动中，根据企业实际经营情况输出财务报表、做好财务控制，结合财务数据进行财务预算，通过分析财务数据做好统筹与规划等都是财

务职能的具体表现形式。所以在数字化时代，会计职能也是财务管理职能的重要组成部分。

财务目标是财务管理工作规划的基础，也是财务管理工作努力实现的目标，是结合企业实际情况通过平衡财务关系，组织财务活动，最大程度上发挥资金的能动作用等多种方法所要到达的终点，而财务职能就是将这些方法进行具象化以更好地实现财务目标。

财务环境即特定的时间和空间，自身受宏观和微观两大因素影响，同时会影响具体的企业财务活动。从宏观角度讲，财务环境受当下政治、经济、文化、法律、市场经济体制的影响。而具象化的企业自身管理制度、经营模式、管理水平等微观因素也是财务环境的一部分，影响财务活动进而影响财务目标的实现。财务职能服务于财务目标，这就要求财务职能必须结合财务环境及时做出调整以实现财务目标。

### （二）财务的职能

1. 筹资职能

筹资职能是指向企业外部单位、个人或企业内部筹措资金，以满足企业创建、发展和日常生产经营的资金需求。资金是企业的“血液”，是企业生存和发展必不可少的资源。由满足企业实际需要的筹资金额、恰当的筹资渠道、合理的本金所有权结构三大方面构成。

2. 调节职能

财务的调节功能主要体现企业再生产过程中。资金的投入比例和方向会直接造成企业原有的技术、产品结构和经济结构的变化。财务通过调节资源配置，调整企业经济行为并使之合理化，达到提高经济效率与效益的目标。

3. 分配职能

当企业通过经营活动取得货币收入后，要按照企业的制度向管理者和员工发放薪酬、按照国家的相应规定缴税、按照法规或财务制度的规定提取盈余公积、按照企业的发展战略向投资者分配利润，这就是财务分配职能的基本内容。企业的财务情况涉及企业所有者、经营者、员工三者的利益，财务分配是实现三者之间物质利益关系的重要途径，同时也能够满足国家政治、经济两者的发展要求。

4. 监督职能

财务活动对企业生产经营与对外投资活动具有综合反映的作用，能够揭示企业各项经营管理的工作成果；企业经营是由国家行政管理者、企业所有者、产品经营者和员工共同协作组成，在资金运动过程中，企业和与之相关的各方关系都存在利益关系，而财务关系能够准确反映出关系网中的问题所在，此外，财务信息也为企业其他利益相关者，如客户、供应商、银行和社会公众等提供了获取企业信息的渠道和进行企业监督的桥梁。

### （三）数字财务的职能与改变

随着数字时代的快速发展，企业需要应对的竞争和风险也逐渐增强，财务职能和企业管理模式必须结合实际情况及时调整才能满足数字时代对企业的要求。

1. 数字财务的基本职能

在传统财务职能的基础上，数字财务的基本职能，横向可以分为“7+1”个模块。

所谓“7”是指财务核算（含财务运作和财务报告）、资金管理、税务管理、预算管理、成本管理、绩效管理、风险及内控管理。其中，财务核算、资金管理、税务管理共同构成企业的财务会计职能；预算管理、成本管理、绩效管理、风险及内控管理共同构成企业的管理会计职能。“1”是指研究全球重点问题的专家团队——财经管理研究院。除此之外，财务职能还应包括投资、融资、证券投资者关系。

财务核算：主要由成本管理，应收、付账款，总账管理等部分组成。用以确保企业财务活动和财务支付的合规合法性，并要求提供准确合理的财务报表。

资金管理：主要由资金统一收付和四项具体的管理工作沟通，其中既包含对企业债务债权、融资的管理，也包括对全球资金调度和汇率风险的管理。

税务管理：在复杂多样的税务环境下，基于税务筹划、税务财务核算、税务申报、税务检查 4 个环节构建商务模式，将税务核算与核算体系相结合，应对税务稽查与检查。

预算管理：制定资源的管理机制和目标平衡机制、预算目标、预算编制、预算执行及分析报表。

成本管理：采用全成本管理理念，将成本转化为可对象化的费用，使成本的提取维度不断精准。

绩效管理：经营业绩评估与预测、考核评价、管理报告出具等。

风险及内控管理：财务风险管理是指企业在日常运营中，通过对各种可能影响财务状况和财务业绩的不确定因素进行识别、评估、监控和控制的过程，旨在帮助企业合理规避风险，优化资源配置，降低经营风险。财务内控管理是指企业为实现经营目标而建立的一系列措施和制度，确保财务信息的完整性、准确性和可靠性，保护企业的资产安全，并提高管理效能。

财经管理研究院：重点针对全球各国的商业模式、税务、资金、汇率、核算政策和核算实务领域的突出问题，以项目运作方式予以跟踪推进。

从纵向来看，财务的基本职能分为决策层、控制层和执行层。

决策层：将企业的战略意图转化为更为详细的资源分配机制、绩效考核机制、内控管理机制等，通过 PDCA（德鲁克）循环，助力企业实现战略目标。例如，预算管理中的预算规则、预算流程的制定、预算模型的设计等，都是基于公司战略，在政策层面上的细化，引导企业资源分配。

控制层：一方面，控制层将企业战略决策向执行层推进、落实；另一方面，控制层将执行层提供的财务数据转变为有效的财务信息，及时传递至相关的决策者，提供战略决策支持。例如，税务管理中的税务合规性管理，既要满足决策层对税务合规性的要求，又要根据执行层完成的税务核算数据，检查是否出现了政策没有覆盖到的新情况，并提交决策层出具指导意见。

执行层：根据决策层、控制层制定的制度和规则，高效、可靠、低成本地完成基础财务处理流程，并提供财务数据。例如，财务核算中的应收及应付、固定资产、工资、费用核算、定期关账并出具财务报表、内部往来清理及自查报告等，都属于执行层的工作。

2. 数字财务管理模式

日益变化的内外部环境要求企业构建能够抵御内外部风险的财务职能体系，而对应的职能体系较为庞大，且随着环境的变化可能发生改变，因此对财务管理模式提出了新的挑战。过去分散、网状的财务管理模式已经越来越不能适应企业的快速发展，财务管理模式开始发生变化，逐步形成一个完整的、四位一体的管理模式，即企业层面控制管理的战略财务、全价值链财务管理支持的业务财务、交易处理为主的财务共享服务以及财务核心的智能化，同时沟通内外部各种财务关系，这一财务管理模式不仅是实现内通外联的方式，也将稳定地支撑企业的快速成长与发展。

具体而言，战略财务、业务财务、共享财务分别作为决策层、控制层、执行层的财务职能自上而下沟通价值链全局，数字财务则是以这三项财务职能的融合发展转型为基础。同时，数字财务也是实现与各数字财务关系的内联外通的关键。

战略财务对应财务职能中的决策层，相当于财务的大脑，在专业领域有着深入的研究，参与战略的制定与推进、将业务财务和共享服务提供的信息转化为对企业经营决策有价值的经营信息分析，支持战略决策的落地。战略财务采用“集权—网状辐射”组织架构，总体职能分为预算管理、成本管理、绩效管理等 7 个子职能模块，以 7 个子职能模块为七大核心设立层级辐射式组织架构，使战略财务意识渗透到基层单元。七大核心享有资源配置与协调权、政策制定权、业绩考核权。

业务财务对应财务职能中的控制层，分布在企业下属的各个机构，深度渗透于价值链的各个环节。不同于战略财务的顶层指导，业务财务深入业务一线，渗透经营过程，能推进战略落实。同时，各业务子单元还将对具体的生产经营活动提供财务管理支持。

共享财务覆盖财务职能的执行层，主要方式是通过财务数据中心建立了统一的流程、政策、信息系统，集中进行交易处理，又能够为战略财务、业务财务提供数据支持。共享财务通过将各子机构中分散、重复的财务核算和账务处理业务予以标准化、流程化，为财务转型提供组织基础、管理基础和数据基础，这也是财务转型的关键，其职能涵盖核算、报表、资金、税务、审计等。

数字财务是实现“数据—信息—知识—智能”不断转换这一良性循环的最终职能。其中，共享财务提供底层的数据支持以及初步的分析；业务财务将数据转换为信息，能够及时提供决策依据；战略财务则是企业层面的决策；数字财务则是将信息归纳汇总，形成普适规则。在数字化的背景下，数字财务使企业始终在变幻莫测的商业环境中保持其敏锐的洞察力，成为未来企业数字化的核心竞争力。

数字财务管理模式能够帮助企业有效降低财务运行成本，使财务能够参与到业务部门的业务过程，了解并满足业务部门的需要，并为管理层及经营者提供动态的预算、预测信息、实时的经营信息以及财务评价，促进企业的快速成长与发展。

3. 数字化企业的组织架构

为了将数字财务管理模式的功能和价值发挥到最大限度，企业的组织应进行适当调整以更好地适应数字财务管理模式。

过去，集团组织架构以某一地区为单位，独立设置不同的职能部门，容易造成职能的冗余和资源的浪费，使企业的效率大打折扣，此外也会给集团总部的监管和指导带来一定的困难，造成控制和风险的不平衡。

数字化的企业通过整合可重复使用的数据和信息，在集团层面共享资金、交易、税务等财务服务，减少重复冗余的服务与人力资源的浪费，实现财务共享、能力复用、数据互通。甚至能够助力企业快速、持续地与外界对接，打造高效的业务团队，为企业降本增效。此外，智能财务系统可以在企业各个层面、各个节点控制风险。

因此，企业的组织架构也应从传统的部门型转变到流程型、互联型，如图1-2-1所示。在传统的部门型职能架构中，企业根据职能种类的不同，划分成一个个不同的部门，每个部门由部门经理或总监进行层级式的管理，数据和信息难以在部门间共享，容易造成工作的重复和冗余。而在流程型和互联型的组织架构中，信息在各个部门中的流通和共享变得容易，重复的职能可以被削减，有助于提高企业的运行效率，并使人员专注于高价值的工作中。在互联型的组织架构中，企业各个职能的信息流互联互通，企业战略指导各部门进行工作，各部门也皆为企业战略决策提供支持，助力企业未来价值的增长。

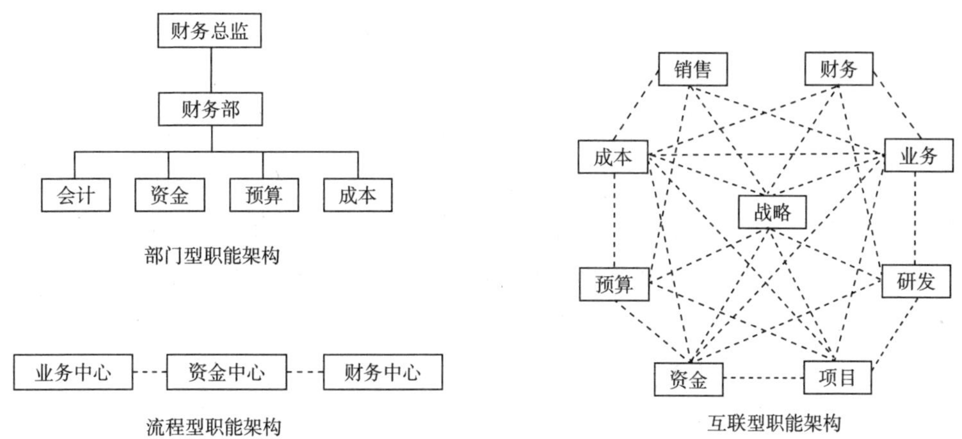


**图 1-2-1　部门型、流程型和互联型组织架构**

4. 生态系统中的价值创造

海尔集团董事局主席兼首席执行官张瑞敏在 2016 年提出，“互联网时代企业应该做成生态圈”。[①] 马云很早也提出，阿里的使命是“让天下没有难做的生意”，对阿里而言，其生态系统，旨在为中小企业在融资、寻找客户、解决物流问题和跨境贸易方面有更多的便利。在这个生态系统中，企业可以找到融资，可以找到客户，可以找到物流，也可以公平交易，这个生态系统可以帮助年轻人和小微企业做创新、创意、创造，最终让崇尚诚信、不断学习、敢于创新的企业在这个生态里获得成功。

和生物生态系统一样，企业生态系统是一个复杂的体系。这一理论源于生态学中对生态系统总体上的定义：在大自然一定的时间空间内，生物与大自然在一起构成了一个总体，在这个系统总体上，生物与自然环境通过彼此之间的相互制约和影响，在特定的时间周期内达到并维持相对比较稳定的动态平衡状态。同样的，企业生态环境中的其他组织和企业的存在会影响企业的生存和发展。任何一个企业都不能脱离所处的生态环境而长期单独生存。企业和生态环境中的其他企业或组织共同构成了企业生态圈，是通过物流、资金流、信息流三者之间的交换作用，组成的一个相互影响、相互制约、相辅相成、共同发展的经济共同体。

未来，企业也能够通过企业生态系统的作用，将原来企业个体封闭的体系打

① 中国网．张瑞敏首次提出转型互联网企业的六要素 [R/OL]（2016-1-23）[2022-12-26]. http：//www.china.com.cn/jdnews/txt/2016-01/23/content_8540332.htm

通，与其他企业或组织互联互通，利用互联网、物联网技术，吸收外界各种优势资源，提高企业各职能的运行效率。

大数据的出现和信息技术的进步使智能化的生态管理模式成为可能，新兴技术将组织的管理、经营行为从线下搬到线上。在企业内部，集团层面共享财务服务，资金、交易、税务、核算以及业务数据资源从分散割裂走向集中互联，集团统一的财务共享系统将数据汇集，实现“内通”。而在企业外部，即由供应商、合作商、客户、代理商、政府机关和银行构建而成的企业生态系统中，部分数据资源也可以互相传递，使不同组织之间有关联的经营管理活动相连通，实现“外连”。

在数字赋能的生态圈中，各个组织可以通过平台撬动其他参与者，使这一系统能够创造价值，并从中分享利益。而流量、金融服务和投资则可以对生态圈形成强大的推动力，构成价值吸附效应，吸附周边的游离资源进入生态圈。

## 第三节 数字化时代财务管理的原则

数字化时代财务管理的原则既包括传统财务的原则，同样也包含数字财务的原则。

### 一、传统财务原则

财务的原则主要指的是结合了经典公司理财理论的传统财务管理的原则，包括以下几种：

#### （一）收益、风险适当均衡

产品面临的市场风险、公司面临的经营风险是市场经济条件背景下财务主体必须要面临的挑战和风险。市场风险是企业生态环境中所有公司都无法规避的风险，而企业风险则是个别公司特有的经营风险，这主要是因为企业在生产、举债经营方面的差异性使各企业之间预期财务成果具有不确定性。公司要获得利润，就必须面临风险，全面分析每一项具体经营行为的风险因素预测收益情况，并制定具体方案降低风险提高收益，达到收益风险平衡。

### （二）正确协调利益关系

公司在组织实施财务管理过程中应充分考虑并做好债权人和债务人、企业所有者和经营者、投资方与受资方之间的不同权益关系。

1. 协调企业债权与债务之间的关系

企业债券的持有人、贷款给企业的金融机构、企业信贷提供者，以及其他可以给公司融资的组织或者个人都是债权人。债务公司必须在规定的时间内向债权人按合约约定好的利率支付利息，债务期满后，应当合理调度财务资金，按时清偿债权人本金。反之，一个企业资金借出后，同样享有债权人的权利，可以要求其对应的债务人在约定的时间内按约定好的利率交纳利息并清偿本金。

2. 协调企业所有者和经营者之间的关系

企业经营者的利益与企业的财务目标之间不存在关系，但企业所有者的利益却可以直接通过企业的财务目标所体现。从企业所有者的角度来说，其放弃的实际利润也就是管理者获得的实际利润，是提供给管理者的服务价值或代理价值。而存在于经营者与所有者之间的主要矛盾就是，所有者期望以低成本实现较高的经营价值，而经营者期望得到较高的实际利润。为了克服这一问题，就要求经营者根据所有者实际的利润对企业进行经营和控制，企业自身也应该制定合理的担保制度，在有效维护经营者实际利润的情况下，使经营者对公司实现更有效的经营。

3. 协调企业投资方和受资方之间的关系

企业股东必须按照投资合同、契约、章程的约定及时履行投资义务，在企业使用资本进行生产经营达到相应利润后，必须根据投资份额和相关合同、章程的约定条件，向企业股东进行投资奖励。另外，企业对其他机构的投资应根据合同约定履行全部投资义务，并根据实际投资比例进行对受资者的资金控制和安排。而由于企业同投资者、受资者之间的关系，是共同投入资本和共同投资收益的投资关系，所以企业应当站在保障投资者和受资方各自合法利益的位置上，恰当地处理好这些问题。

### （三）货币的时间价值观念

货币的时间价值，是指货币在企业完成特定阶段的投资或者再投入后所增加的总价值。货币的时间价值是一个经济范畴，客观存在于各类财务活动中，是财务管理不可忽略的主要变量，是以商品经济的高度发达，以及借贷关系的普遍存在为基本前提。运用货币的时间价值观念就是要使投资项目在未来的全部投入和报酬都用目标价值来表示，即当项目未来收益的净目标价值大于零，以及当此时项目在未来的风险投资收益已大于无风险收益投资收益后，即接受此项目，反之拒绝。充分发挥货币时间价值在企业资金筹集、运用和资金合理分配等领域的作用对提高企业财务效率，提升管理水平，做好筹资、投放、分配等活动有积极作用。

### （四）市场财务决策

市场对企业产品或服务的接受程度直接影响企业的生存和发展，即产品的受众度越高，企业可发展的空间就越大，可实现的利益就越大。由此看来，企业管理决策的根本在于市场。企业必须拥有自己的特色产品，这就要求企业必须立足于产品市场，从产品感观、质量、知识产权、过程服务、产品推广等各个方面创造自身独特性，提高产品对消费者的吸引力。产品的研发、生产、销售的整个流程都需要依靠市场财务决策来进行，进一步证实了市场财务决策对企业生存和发展的重要性。

### （五）战略管理原则

战略管理由制定公司战略目标、明确战略规划、实施战略安排、评价业绩成果的四大主体部分组成，是一种规划和控制过程，主要目的是实现企业财务目标。在对总体经济形势包括经济周期、国家宏观经济政策、地方政府税收政策、同行业的发展形势等的整体分析研判的基础上，根据情况制定企业宏观发展策略，正确把握公司战略目标，并积极推行公司的经营管理战略。

### （六）财务收支平衡原则

财务收支平衡原则是存在于收入时间和成本支出之间一种动态协调的平衡关系，这种平衡关系是在特定的时期内，时间、空间和数额三者之间的关系。在财务活动中，一旦资金不能抵支，则容易造成资金的停顿或滞留；一旦费用支出在先，资金投入在后，同样会妨碍资金的正常周转。在满足开源节流、增收节支的前提下，通过合理利用企业短期资金、调整筹资方式等途径调节经费的紧张，在经费宽裕后，可适度进行些短期投资。

## 二、数字财务原则

数字财务的原则在传统财务之外还包括了由于财务职能的转型升级，及利用大数据、AI（人工智能）等信息科学技术而衍生的独特原则。

### （一）业财融合原则

业财融合不仅是企业管理决策的基础，是企业财务和业务活动的融合，同样也是指企业业务流、资金流与信息流的“三位一体”，更是财务数据与非财务数据的协同。统一模式下，财务核算是事后核算。业务完成后，业务部门将收入、成本、利润等相关数据交给财务人员，再由财务人员汇总核算出财务数据。

数字财务背景下，财务人员不再仅仅是事后的核算和监督，而是在企业业务发生之时甚至之前，就掌握了业务的运作状况。财务人员在业务发生之前从企业整体价值角度对业务进行预测，这不仅是传统意义上的财务预算，而是在预测未来业务活动对项目现金流、企业其他业务、企业战略和企业价值影响的基础上，对业务进行预判和考察，并将相关信息提供给业务部的同事作为参考，助力业务部成员进行决策，起到咨询专家的作用。在业务发生的同时，财务人员获取业务活动的实时信息和数据，结合企业整体价值，进行绩效评价，提出相关风险点，有助于业务活动的改善。

不过要实现业财融合，除了要重构企业的职能结构，保证财务部门和业务部门的协同合作，避免彼此目标冲突，还要保证财务体系和信息系统具有支持业财一体化的能力，同时对财务人员的数据分析能力，以及对业务的理解程度都提出了更高的要求。

### （二）数据决策原则

数据决策原则实际上都是由一种逻辑的力量在推动。逻辑是一种基本的思维方式，逻辑的力量在于它能够帮助我们理顺思路，正确判断问题，找到合理的解决方案。这种逻辑行为包括市场调研、资料收集整理、总结归纳等过程，最后结合自身实际情况对市场进行判断并做出经营决策，这就是一个思考、推理、再判断的商业逻辑过程。人和组织的逻辑形成需要大量的学习、思考、培训与实践，代价是非常大的。大数据和 AI 的出现，能很好地解决这个问题，大量地节省企业实践和统计的成本。

大数据时代不缺数字，但是数字本身是没有意义的，此外它的可读性也不强，与能被人们初步理解的程度存在缺口，因而首先要将数字加工成数据。在海量的数据中，如何去发现最有用的数据，还需要开发一套系统去进行数据挖掘。数据本身不具备提出问题和持续发问的智能化，但数据却能够反映问题，通过加工成信息为企业决策提供参考。

企业利用大数据进行决策，要做到以下几点：

第一，获取企业相关的一切数据。除了企业内部的经营、财务数据，还应包括竞争对手、客户和供应商的公开资料等，并保证其准确性。

第二，构建企业级数据库。分类管理，保证企业相关人员数据的可得性。

第三，开发企业大数据分析工具。对海量数据总结出趋势性规律，展示数据分析结果，提高数据的可读性和可理解性。

### （三）生态一体原则

企业生态体系打破了传统企业的封闭系统，超越了传统的价值链和商业模式，涉及供应商、客户、融资机构、竞争对手、监管机构和其他利益相关者，综合产业链、价值链、资金链和人才为一体的动态体系。

在企业生态系统中，采用互联网、大数据、区块链等信息技术，构建信息共享平台，实现企业、组织间数据的无缝对接和界限管理，促进生态体系中企业的友好合作，是建立在相互信任的基础上的。与自然生态系统一样，单个企业或组织的行为和决策会影响到企业生态体系中的其他参与者，形成“企业命运共同体”。因此，企业在制定战略、进行决策时，要综合整个生态体系全局考虑。

### （四）共享共赢原则

正因企业生态体系展现了“企业命运共同体”的生态一体化，企业战略会影响生态体系中的其他成员，所以企业决策不应只考虑企业个体的利益，还应使生态体系中其他的企业和组织共同受益。推行共享共赢原则，才能保证生态体系可持续的良性循环。

通过大数据驱动，构建企业生态系统中的资源网络，分析不同商业模式的特性，进行产业链重构，进一步实现产业整合，能够有效地引导和协调生态系统中企业的互动、合作和协同，提高生态系统的整体价值。

企业生态系统也为企业服务客户提供了更直接的平台。企业通过了解客户需求，与生态系统中其他企业进行合作与竞争，开发新产品和服务，进行新一轮的商业模式创新，打破传统的竞争模式和产业融合模式，展现企业的创新生命力。

秉持着共享共赢原则，企业维持着生态系统的利益均衡，并且通过持续的资源优化与整合，以及不断的转型升级和创新，最终实现和谐发展和整体价值的最大化。

# 第二章　数字化时代财务管理的创新方向

本章内容为数字化时代财务管理的创新方向，要对当前的财务管理进行创新，首先要转变思维，其次便是要掌握技术，本章就是从思维与技术两个方面展开叙述。

## 第一节　思维方向

面对新经济与技术革命，企业的数字化转型成为趋势，财务也正经历着持续的变革与转型。如果要解决集团公司会计数据管理的问题，发挥财务工作的价值，需要财务组织进行转型升级与创新，财务功能进行相应的调整，进而为整个企业数字化转型赋能。财务数字化转型不仅决定了财务的内容边界与方法模式，理念上的障碍更是影响创新最关键的因素之一。新时期我们不能再继续沿用原有的逻辑思维思考现在的问题。那么，思维转型就是财务数字化转型的前提条件。

数字化转型思维可以通过转变平台、连接、共享、协作和智能化思维五个方面进行。

第一，平台思维：财务组织结构的转型升级。

组织架构的重建、大平台为小前端提供保障和准确的客户导向性是平台化组织的三大典型特点。

第二，连接思维：在线化基础上的互联互通。

在平台化的组织结构下，实现思维连接是实现业财融合、“以客户为中心”的顾客主义的基本前提。

第三，共享思维：基于平台连接的开放共享。

共享的观念以及共享服务中心建设，为企业建成数据中台乃至中台战略的实现创造了可能。

第四，协同思维：财务组织内外的协同共生。

我们需要用协同思维来解决分工带来的协作问题；组织内外部的协同共生的思想对财务的转型方向有重要借鉴意义。

第五，智能化思维：超越自动化的数据智能。

智能化思维就意味着企业在业财大数据分析的前提下，通过数字技术手段获取大数据分析背后的信号，协助公司做出恰当的经济预测与决定，并由此来实现企业财务目标。

需要指出的是，正如连接、协同思维体现出来的理念一样，这五大思维之间并不存在明确的边界，而是相互渗透、相互影响的。因此，本书将在更加深入地探讨这些数字经济创新理念的基础上，重点阐述这些思维上的创新对财务数字化转型的影响，促使财务数字化转型能够充分快速融入企业的数字化转型中。

## 一、平台思维

随着社会主义市场经济发展与高新技术的创新及应用，公司组织形式从原来的工厂逐渐演变为企业、产业链，再到平台。平台化组织在平台思维的应用中应运而生，是一种更加灵活高效的组织形式，继承并发扬了传统组织形态的积极、合理的因素，摒弃消极因素，也更加适应数字经济时代的发展。

组织结构的重构、以大平台为支撑的前端设计和强烈的客户导向性是平台化思维在财务组织架构的转型升级中的重要体现，是平台化组织的典型特征。

首先，传统的财务组织结构的重构。为了更好地适应数字时代的发展，企业财务组织架构经历了从金字塔型的事业部制到矩阵式再到极致扁平化的“大平台+小前端”的演变。

其次，重构后的财务平台与前端业务。财务团队在进行了扁平化重构之后的“大平台、小前端”优势，主要表现为：可以让包含财务内部的跨职能部门成员所组建的或规模相对较小而数量巨大的服务团队，被赋予了高度的独立性，以高度的灵活性挖掘产品潜在的市场发展，财务将在这里实现专业支持；而数量巨大的支持平台也将建立起高度标准化的用户界面，使整个平台中财务的非核心基础职能模块化，从而根据中前端市场上不同的行业发展需求，实现不同类型的支持。

最后，服务客户导向下的财务理念。“小前端”通过灵活性来更好地适应市场需求，这种价值观念的转变核心在于以客户为中心的“顾客主义”。任何具体的财务活动应按照财务服务客户、财务服务管理层战略的理念以企业业务和管理层为中心，做到“顾客主义”，时刻重视价值创新、合理分配财务资源从而达到公司价值的持续增长。

**（一）财务组织结构的重构**

传统公司架构结构主要是“金字塔”型的直线职能制，企业由行政负责人统一领导，虽然发挥了各个专业机构的能动性，但忽略了职能部门之间的协作与配合。受企业组织架构的“金字塔”型职能制的影响，财务组织结构同样采用“金字塔”型形式的事业部制，分支机构之间都设置各自的财务组织，有着严格的内部等级制度，并明确划分了不同岗位的职责和职权。除导致企业资金管理中的信息分散和割裂现象以外，更主要的问题还在于所有财务管理组织内部都忽略集团整体利益，只关注部门内的局部利益，只关注财务信息缺乏与其他职能组织内部的横向沟通，脱离了业务实际情况。因此，矩阵式的财务管理组织结构正是使企业整个工作过程部门职能化、岗位职责化，从而力求使企业的财务管理工作流程和业务流程相互融会贯通，并利用各个职责的交叉配合实现了财务管理对企业整个运作过程的有效统筹。虽然这个管理体系架构业务流程清晰，岗位职责更明确，也更规范，但是对工作过程中现代化管理水平的需求也比较突出，对不同岗位组织管理以及岗位协调能力的需求也更强，如果经营不顺利，工作效率更加低下。

平台思维下，企业集团需要打破传统企业在纵向价值链中的线性关系以及原来的组织层次结构，也就是将陈旧的组织结构全部“推倒”重建，实现极致扁平化的“大平台＋小前端”两种连接体，以发展生产力与创新价值的方向构建团队式公司，以呈现企业去中心化、去层级化、关注用户需要和发展、共享的新公司特征。财务组织也需要进行扁平化，通过精简其中层员工结构，给予个人或组织内部更加灵活发展的工作空间，从而建立更加富有弹性的员工关系，并建立企业合作发展的文化氛围，以减少财务人员与其他组织之间沟通和协作上的障碍。数字化时代下的企业平台化管理模式的重构，为这种传统财会组织架构转型升级战略的实施提供了机遇。

### （二）服务客户导向下的财务理念

“顾客主义”价值观的转变促使“小前端”以高效、灵活的方式满足市场需求。数字经济下，产品供需力量对市场的影响程度悄然改变；对于市场需求角色来说，消费者大多“见多识广、互相联系、积极主动、深度参与”，从供应角度来看，企业通过高新技术手段了解消费需求，拉近与消费者的距离，以此为基础开发满足市场及消费需求的新产品，由此可以看出，“顾客主义”价值观的转变是平台思维的重要体现，也具备一定的代表性。

走向服务是数字经济时代会计职能转型的主要方向。这就要求财务组织也应向“顾客主义”价值观进行转变，也就是说以业务层和管理层为中心，结合财务服务和财务管理层战略，进一步强调企业价值创造、优化资源配置，才能更好地发挥会计的服务职能，为企业持续创收。以海尔集团为例，以业财相融的数字财务原则完成了企业财务管理的转型。财务人员参与企业具体经营活动中，接受集团财务平台的业务支持，业绩及个人收入分别由自主经济体考核及自主经营体的整体绩效决定。这样一来，财务人员也是构成自主经营体的一部分，其所有的收益直接受自主经营体的影响，这就要求财务人员在做好自主经营体成本控制工作的同时，也要通过自主经营体的具体经营数据帮助自主经营体及时发现问题，倒逼企业相关管理部门及时进行处理。财务人员不再只是单纯的输出数据，而是需要及时地发现并识别数据所体现的问题，更应该输出有效的数据为问题的解决提供强有力的支持。此时，各自主经营体作为北京海尔集团企业财务系统的主要使用者，可以有针对性地自主选择财务管理人员进行服务，当自主经营者有服务需求后，相关的需求信息会反馈到财务平台，财务人员通过提供项目方案进行“竞单”，只有提供出最优、最适合的方案才能被自主经营体选用。整个流程的完成很好地体现了财务转型后“顾客主义”的服务理念。

## 二、连接思维

在数字时代背景及平台化组织架构下，连接思维是实现业财融合、“顾客”主义的基础。互联网思维是互联网时代发展更迭的直接体现。从最开始的互联网、PC 到 3G、4G 以及 APP 应用，再到以 5G、云为引领的物联网时代，互联网思维贯穿了整个互联时代的发展历程。“在线化”是连接最直接的表现形式，对于物联网时代而言，只有实现3D现实事物的在线化，才能更好实现物物互联进而实现万物智能。只有通过连接才能完成数字时代下复杂的数据处理。

借助连接思维的理论，财务人员也同样需要在高度在线化的平台上，进一步提升财务人员系统与整个业务电子化进程中的衔接水平，进而打通财务人员系统乃至整个业务平台之间的界限，从而实现互联互通。

### （一）高度在线化、无接触的财务工作

会计信息系统实现了从电算化到信息化再到智能化的发展，在这个发展历程中，连接方式也从基于系统的单机、小范围连接逐渐发展为基于网络和云平台服务的联机、大范围连接，财务工作在强化系统之间联系的同时更加追求无纸化和线上化的办公方式。即便如此，财务操作仍然是线下为主、线上为辅，只是在报销申请、审核和电子单据填报等某些具体的财务环节中实现了线上化和移动化的转变，更多时候还是需要进行面对面直接沟通，所以信息化的系统辅助提高办公效率无法实现全流程的在线化。

线上办公、无接触配送等为工作和生活提供了便利性。流程的在线化、人员的无接触沟通，线上办公和协作也实现了财务体系的正常运行。如何实现在线平台上的信息互通，第一步要解决的就是推动企业财务的全线上的信息协同和自动化管理，在“少聚集、少纸单、无接触”的前提下，确保将持续有效的财务操作纳入企业电子化转型的整个过程，以此实现财务的数字化的转型提升。

### （二）万物互联背景下的业财互联

一个企业若想同时拥有跨专业平台、多应用场景、全流程数据的互联互通三种能力，就必须解决数据“孤岛”问题。概括来说，就是财务数据之间的割裂、财务数据与业务数据之间的割裂问题。连接就是解决数据割裂问题的重要手段。

连接将能够解决过去的科层制度导致的在企业内产生的官僚制度问题，从而消除了权力之间的信息鸿沟，实现企业扁平化和去中心化，进而促进了平台型企业财务组织的建立。除此之外，连接也能够推动企业信息系统内部甚至物理世界与企业信息系统内部的深度融合。对生产性企业来说，通过资金流、数据流和物流三者之间的高效连接与融合，形成了全面、实时、高效的信息收集体系，进而

实现了公司内部的“万物互联”。在此之上财务工作实现了业务与数据之间的互相融合和转化，在数字化系统的基础上通过移动应用、物联网的在线化连接，使业务和财务充分融合，也更便于利用所获得的数据对前端的业务团队提供支持，通过财务的数字化运营提高企业数字化运营的能力，为企业创新赋能。

### （三）财务组织乃至企业的无边界开放

张奇认为，美国通用电气公司前 CEO 杰克·韦尔奇是边界管理理念的提出者。边界管理理念意在强调边界的有机性和渗透性，从而实现企业在面对外部环境变化时能够及时做出敏捷和创新的措施，并不是说企业真的没有边界。无边界融合是财务工作的一种管理模式。是以公司战略为基础，强调公司以无边界的自主管理意识打破公司已有的框架与工作方式，并通过在价值链的各个环节中实现财务管理思想的交流和传递，实现财务与其他部门之间的融合，从而不断提高公司的整体利益。无边界融合式的财务管理模式，是把财务思想融入企业管理的每个环节中，打破部门和专业之间的信息沟通问题，提高企业内部信息传递的扩散性和渗透性，实现企业资源的最优化配置及价值最大化的创造。

“无边界”也是平台化组织的重要特征之一。对公司财务管理来说，必须打破传统财务主体的边界，站在整个企业的角度上强化企业整体利益，与整个企业经营数字化发展的走向相一致，将经营目标从谋求利润最大化、公司效益最大化向可持续发展和利益相关者视角转变，更加有利于企业存在价值的实现。工业经济时代实现价值创造主要通过自身价值链条的构建来完成，而数字经济时代，突破了边界的连接，实现价值创造更多的是依赖横向的社会化价值链条体系的构成。运用连接搭建的价值网，使公司突破了过去单一链条的财务合作机制，运用连接实现的网状结构，将价值的过程发展为在一个网络链中不同价值链系统的共同效应，进而达到了优势互补的协同效应。

企业财务组织能够通过连接作用实现与“互联网 +”平台的信息共享和优势互补，更好地发挥了财务的服务功能，通过更高效的简化财务报销、报账流程，实现第三方价值网络的统一结算，实现财务和业务数据的一致性，同时做到了业务流程智能化、交易透明化、数据真实化。这样要求企业应摒弃陈旧的传统边界概念，突破自身边界，推倒企业内部的“墙”，形成开放性的生态体系，实现共生。

可见生态型企业存在的目的并非竞争，而是协同和跨界的重整。

## 三、共享思维

当财务组织的边界被打破、连接不断实时化时，财务便进一步朝着资源共享的“大平台”发展。作为商业创新的共享经济模式，在财务领域通过财务共享服务中心同样发挥着利用闲置的财务资源提高效率和降低成本的作用。更重要的是，共享的理念以及共享服务中心建设，为企业建成数据中台乃至中台战略的实现创造了可能。

### （一）共享服务在财务领域的初步运用

针对集团公司数据管理分散带来的传输效率低、数据质量差、处理成本高的问题，集团财务曾经尝试通过集中来解决，期望集中能够带来更大效率的提升和成本的降低，同时有利于更好的管控。于是出现了会计集中核算中心和资金集中管理的财务公司。

然而，会计集中核算仅是简单的物理集中，这种集中带来会计责任的主体界定不够明确、会计信息的真实性难以监控，最为重要的问题是会计集中核算中心制造了财务会计与管理会计的分离，更造成了进一步的业财分离，最终导致核算效率更为低下。财务公司是我国银行业特殊监管形势下成立的非银行金融机构，其在历史上起到了资金集约管理、增强内外部融资能力、提高企业核心竞争力方面发挥了积极的作用。但是，财务公司也同样面临着支付业务繁多导致大量员工从事简单重复性的低附加值劳动、系统建设复杂所存在的信息安全隐患、财权过分集中使企业风险增大等突出问题。

数字化背景下，我们更加强调共享的理念。因为共享可以带来资源集中使用的优势，但此时的共享又不同于过去简单的集中，是基于数字科技的共享，这种共享使更高服务的质量和效率的提升成为可能。财务共享服务通过业务流程、规则的标准化、流程化管理，消除了推诿扯皮与重复作业，大大降低管理的成本。同时，共享还使客户需求的匹配度明显增强，可以满足前端业务多样化的服务需求。

### （二）共享升级与中台战略

我们在平台思维的介绍当中提到韩都衣舍“大平台、小前端”的组织形式，这种大量小规模的业务团队利用平台提供的业务支持，本身就是共享理念在组织形式上的体现。这种共享的模式可以进一步延伸，从企业 IT 架构转型的视角，为财务的转型升级提供思路。

在企业业务职能分类当中，财务和 IT 服务都属于企业的中后台职能部门。沿用会计是一个信息系统的观点，从企业信息系统建设的视角来看，可以发现会计信息化的建设和企业信息系统建设所面临的问题十分相似:“烟囱式”系统的重复建设和维护造成了成本和资源的浪费；打通系统实现集成和协作的成本较高；由于 IT 人员“不懂业务”，而使 IT 信息部门被管理层定位成仅提供业务支持的成本中心等。这些问题与财务系统的分散割裂、整合难度大、财务被视为单纯的成本中心、业财分离等问题如出一辙。

为了解决这些问题，以阿里巴巴为代表的互联网企业成立了“共享业务事业部”，将多个平台中公共的、通用的业务功能进行沉淀，以共享技术资源，同时避免重复建设和维护，财务共享服务中心的建设理念也是如此。但共享业务事业部的发展却面临资源分配不均、客户满意度不高等问题，并且由于缺乏对业务的理解和贡献，共享业务事业部始终处于弱势地位。

为此，阿里巴巴在 2015 年启动了“中台战略”，利用建立共享业务事业部的基础和经验沉淀，进一步通过“中台”来整合和共享整个集团的服务能力。在财务领域，如果说平台思维下形成的“大平台、小前端”运作模式，是基于财务组织结构转型角度的创新，那么中台战略对财务的启示，则是站在整个企业 IT 架构转型的高度上，将财务的转型完全融入企业数字化转型的进程当中，形成包含财务功能在内的企业级的共享服务平台。

## 四、协同思维

### （一）从分工到协同、共生的思维变化

从 18 世纪 60 年代到 20 世纪初，全球发生了几次制造业的范式革命，其中的一条主线就是通过精细化分工的方式提高生产效率、降低生产成本，以此不断

推动工业化大生产。分工要求具有明确的职责和工作范围，并且需要彼此之间相互协作，一旦出现部门、关键环节、岗位之间职责模糊不清、人员摩擦与冲突等问题，就会带来管理现实中的内耗和效率的低下，因此分工带来的最大问题就是协同能力差。当前，财务之间、财务与业务和管理层之间的合作模式是分工思想的产物。在新的环境下，其弊端体现在：责任不清，难以应对变化；财务、业务、管理之间的分离无法实现协作。数字经济时代，互联网乃至万物互联的出现，为组织内、组织间、组织与外部环境的协同提供了可能性，我们需要用协同思维来解决分工带来的协作问题。

始自物理学科的协同论自 20 世纪 70 年代形成并发展起来后，逐渐被引入管理研究，形成管理协同理论。协同思维是指运用协同的基本原理，认识管理组织的个体系统之间彼此竞争和相互合作的协同活动，通过主体的创造性思维推动组织由无序向有序方向发展变化的思维模式。从主体之间的竞合关系出发，协同思维可以由组织内部进一步延伸到组织与外部环境之间的协同。随着外部环境不确定性的增强，外部因素对财务组织绩效的影响增强。离开了与外环境之间的协同，组织生存的难度也大大增加，财务的价值也将逐渐丧失。因此，组织内外部的协同共生的思想对财务的转型方向有重要借鉴意义。

### （二）内部协同思想下的业财融合

财务与业务的分工协作是为了更好地发挥财务为业务的服务作用，而不仅仅是为了核算和监督。而现实却是，财务成了一味向外、满足外部利益相关者需求的工具，却不能满足内部管理者对财务与业务相互协作的需求。核算本身是为外部监管者提供企业报表数据，监督则更是让业务觉得反感。这种业财分离的状态与事实直接造成了管理会计实施中的诸多障碍。因此，业财融合、业财一体化的概念脱颖而出，人们希望通过财务与业务的有效融合实现财务向管理、控制决策等高附加值的业务方向转移。实际上，业财融合的本质就是财务和业务在组织内部的协同问题，没有这种协同，财务不可能达到目标，且难以体现出应有的服务于管理决策的价值。

在协同的思想下，业财融合的核心在于业务与财务在流程、系统、数据三个方面的深度融合。在业务流程方面，业务流程的设计应当充分考虑对财务核算的前置，财务应当更加主动地从财务结果向业务最前端推动，实现从业务端到财务端的流程贯通与线上化；在系统层面上，应当充分考虑会计引擎与业务系统的深度融合；在数据层面上，应当在业务端加强数据治理和标准化，进而在财务结果中充分地进行核算颗粒化和明细化，最大限度地还原、记录业务实质。此外，业财融合要求财务必须摒弃过去控制和监督的理念转向未来的服务。只有服务才容易被业务接受，业财融合才能具备理念上的前提条件。

### （三）外部协同、共生理念下财务的角色

平台化组织下广泛的连接打破了财务乃至企业组织的边界。财务在与外部第三方平台实现业务上合作的同时，更促成了一种外部的协同，并进一步体现出组织间共生的理念，打造市场经济意义上的“命运共同体”，而在这个过程中，财务同样发挥着重要的作用。

外部协同主要体现在财务平台与外部各种价值网络的链接上，这种协同也是为了更好地为我们的客户（业务）服务。例如，财务共享服务中心实现的商旅服务、日常采购服务等，将企业各级机构需要对接的各种供应商进行总对总谈判与对接，通过交易流、信息流的协同，大幅提升业务消费过程的体验，简化财务服务的流程。进一步地，当组织充分开放，融入与客户、供应商、合作伙伴和监管机构合作共赢的生态体系中时，财务可以直接面向客户、供应商等利益相关者，通过协同平台实现实时的数据交换，准确了解客户的需求、供应商的能力，打造共享共赢的数字化供应链，并最终实现以轨迹生态为特征的全社会范围内的深度合作，从传统的产业链进化为协同价值网形态，促成组织在外部环境下的协同共生。

## 五、智能化思维

### （一）从数据到数据智能

集团公司会计数据管理的问题阻碍了财务价值的发挥，“价值来源于数据”是背后秉持的核心思想。如何从数据中挖掘价值，中间的环节便是基于数据的智能，或称数据智能。

如何理解智能化思维？迈克斯·泰格马克在《生命 3.0》中对“什么是智能”做出讨论，发现即使是人工智能研究者也无法就此问题达成一致意见，并最终广泛地定义为“完成复杂目标的能力”，作为一种通用目的技术，对于不同的目标

本身可能存在多种不同的智能。而数据智能则具有很强的限定性。我国领先的数据服务公司 Talking Data（北京腾云天下科技有限公司）对数据智能的定义是：基于大数据引擎，通过大规模机器学习和深度学习等技术，对海量数据进行处理、分析和挖掘，提取数据中包含的有价值的信息和知识，使数据具有“智能”，并通过建立模型寻求现有问题的解决方案以及实现预测等。可见，“预测”和“决策”是数据智能的根本目的，这对财务工作，特别是管理会计作用的发挥具有重要的借鉴意义。

对财务转型而言，智能化思维意味着在业财融合的大数据基础上，运用通过数字技术发掘大数据背后的信息，帮助企业进行预测和决策，以此来实现财务的终极价值。而数据智能得以实现，有赖于中台战略思想下数据中台的建设。前面所提到的平台、连接、共享、协同思维，无不体现着对数据价值充分挖掘的铺垫，这也是这些思维创新相互渗透的重要体现。

### （二）从自动化处理到财务智能化

要实现智能化创新，财务应首先将分散的基础财务业务集中起来，实现财务工作的“工业化改造”，通过标准化、专业分工和流程再造解决低附加值的劳动占用大量优秀财务人力资源时间和精力的问题，使财务资源在利用数据进行预测、决策、控制、风险管理、绩效评价上发挥更大的作用。

已经建成的财务共享服务中心，由于仍是建立在低附加值劳动力集中的基础之上，难以避免单纯的核算集中带来的缺陷。因此，共享服务中心要想实现创新，应学会运用智能化的思维，利用工作流引擎、API（应用程序接口）、RPA（机器人流程自动化）等自动化工具进一步消灭财务共享服务中心的低附加值劳动，使其由智能化系统实时自动完成，实现将知识工人中的重复劳动交给机器完成。这样一来，原本大量中台的财务人力资源才会得到最大限度的释放和最大效率的利用。此时的财务企业管理者就可以考虑哪些工作交给机器完成，然后逐步通过员工的培训，承担新的工作分工，此时的工作分工将更具有附加值，更具有敏捷性。

目前，我们能够感受到的智能化仍停留在对于低附加值劳动力的冲击上，但还不能取代更多高附加值的，尤其是具有创造性的劳动。面向未来，智能化思维还将应用于高附加值的经营管理决策过程中。在这一方面，智能化的重点在于实现基于智能系统的预测能力。其基本原理在于通过业财一体化，获取海量原始的业财匹配后的数据标签，基于 AI 技术，构建标签之间的关系图谱，从而构建起事件之间的数据影响传导网络。进而通过某一经济活动事件的触发，预测其他经济活动事件的关联影响或对最终经营结果的影响。基于这一思路，能够实现投入产出预测等传统管理会计难以解决的问题。当然，这一效果的实现还有赖于数据的积累和算法模型的持续优化。

总之，财务智能化创新的路径就在于通过自动化处理完成低附加值的工作，并逐步运用数字技术实现自动化的二次升级，同时完成数据收集和处理的基础过程，最终实现数据驱动下的财务智能化，充分发挥财务的价值。当然，需要认识到，此时的财务智能化还仅是财务智能的初级阶段，仅是财务数字化转型的进一步深化，其目的还在于进一步促进财务的数字化转型。

## 第二节　技术方向

随着云计算、大数据、人工智能、区块链等数字技术的快速发展及应用，数字经济时代悄然来袭，数字技术和数据应用将成为未来商业的核心基础。在数字化大环境下，财务需要主动寻求职能转换，完成财务自动化、工业化、智能化、数字化的转变。

数字技术（Digital Technology），广义上来说是一项与电子计算机紧密联系的现代技术，它将日常生活中可以接收到的信息，包括图片、文字、声音、视频等，通过一定的方式转化为计算机能够“读懂”的二进制编码，即以“0”和“1”的形式表现出来，再进行运算、加工、存储、传送、传播、还原，从而实现对信息的分析和利用。从这个角度来说，网络安全、通信技术、数控技术等都属于数字技术的范畴。

本书着重讨论其狭义上的概念，即由云计算、大数据、人工智能、区块链、物联网、移动互联网等为代表的新一代数字化革命所产生的数字技术。云计算能够提供更强大的网络服务；大数据在其中负责数据存储、处理分析和信息挖掘；区块链是分布式账本，负责数据记录与维护；物联网包含各种传感器，能够生产大量的数据并传输；移动互联网通过无线接入设备访问互联网，能实现移动终端之间的数据交换；人工智能技术则是数字智能。各大数字技术构成了一个相互融合又分别进步的有机生态整体。

各种数字技术之间有着密不可分的联系。人工智能三大决定因素，分别是大数据、算力和算法。其中大数据是人工智能存在和发展的最基础条件，算力是人工智能技术的重要平台，GPU/FPGA（图形处理器 / 现场可编程门阵列）的发展提升了云计算平台的计算能力，算力的提升是人工智能各种应用场景和解决方案的重要推动力，以人工神经网络为代表的深度学习算法使人工智能具备了深度学习能力，是应用落地的核心引擎。

物联网可以理解为"物物相连的互联网"，物联网的发展也在加速让人工智能成为现实，物联网与其他产生大量数据的设备和系统相结合，让人们开始有能力从海量数据中提取有价值的信息。物联网与人工智能是相辅相成的两类技术，人工智能相当于软件，需要物联网作为载体；而物联网是硬件，需要人工智能来驱动。

## 一、云计算

### （一）云计算概述

1. 云计算的概念

2006 年，谷歌首席执行官埃里克·施密特（Eric Schmidt）在搜索引擎大会上首次正式提出"云计算"的概念，同年亚马逊推出了弹性计算云服务 EC2，云计算随之步入公众视野，现如今已成为定义信息技术变革大潮的名称之一。

根据中国信息通信研究院 2012 年发布的《云计算发展白皮书》，云计算是一种通过网络统一组织和灵活调用各种 ICT（信息通信技术）信息资源（包括计算与存储应用运行平台、软件等），实现大规模计算的信息处理方式。云计算利用虚资源管理以及分布式计算等技术，通过互联网将分散的 ICT 信息资源集中起来形成共享的资源池，并动态地根据用户需要，以可度量的方式提供服务。用户可以在各种终端（包括但不限于个人计算机、平板电脑、智能手机甚至智能电视等）上，通过任意的网络连接获取 ICT 资源服务。

同年，美国国家标准与技术研究院（NIST）认为，云计算是一种模型，这种模型使用户可以方便地通过网络按需访问一个可配置计算资源（如网络、服务器、存储、应用和服务）的共享池，并且他们对这些资源的需求可以迅速得到满足，实现管理成本和服务供应商干预的最小化。

此后，ISO/IEC 标准化组织在 2014 年发布的 Information technology-Cloud Computing-Overview and Vocabulary（信息技术 云计算 概览与词汇）提出，云计算是一种以网络方式接入某个可扩展的、弹性的、共享的物理或虚拟资源池的服务模式，用户可以通过自助的方式按需购买。云计算用户不需要与服务商进行过多的交互，就能够迅速完成计算资源的扩展和释放。

本书认为，云计算就是通过互联网把所有的计算应用和信息资源连接起来，供多用户随时访问、分享、管理和使用的一种 IT 资源的交付形式。它通过网络“云”将庞大的数据计算处理程序分解成无数个小程序，然后，通过多部服务器组成的系统处理和分析，再把得到的结果返回给用户，通过这项技术，可以在短到几秒的时间内，完成对数以万计的数据的处理，从而提供强大的网络服务。

相对于传统软件交付模式来说，云计算模式更具优越性，因为用户无须搭建机房、采购服务器，有效地降低了初期采购成本；后期也只要按需付费，不用自行承担软件的维护成本，大大降低了企业信息化的门槛。

2. 云计算的特征

（1）虚拟化

云计算通过资源抽象特性来实现云的灵活性和应用的广泛支持，这一特性的实现主要依靠虚拟化技术。用户使用的计算资源来自“云”，而不是物理上有形的实体。应用在“云”端运行，用户不需要知道支持应用运行的物理资源在何处，就可以在任意位置、任何时间通过各种终端设备获取相应的服务。

（2）弹性伸缩

云计算具有分布式计算、分布式存储、并行计算等功能，它通过网络对计算资源进行整合，以服务的形式对外提供，并且可以根据用户需求，增减计算资源，使计算资源的规模可以动态伸缩，满足应用和用户规模变化的需要。在这种模式下，云计算服务的提供者和使用者是分离的，使用者无须获得计算资源的所有权，资源部署更加弹性化。

（3）快速部署

云计算模式适用于各式各样的应用程序的开发和部署阶段，具有极大的灵活性。云计算服务的提供者可以根据用户的需要及时部署资源，从理论上来讲，这种能力是随需的、无限的，可以在任何时间以量化的方式购买。传统的IT服务模式下，资源的交付时间以天为单位，而云计算模式可以实现对服务需求的迅速响应。

（4）资源可量化

云计算服务提供者通过租用网络运营商的带宽，按照资源的使用量或者使用时间向用户收取相应的费用，如包年、包月或者按小时计费等多种方式。这种即付即用（Pay-as-you-go）的模式已经广泛应用于存储和网络宽带技术，大大降低了传统IT部署模式之下资源的闲置成本。

（5）按需自助服务

规模化、多用户、高安全性是云计算的特征。“云”是一个庞大的计算资源池，用户在网络上按需自助购买，无须和服务提供商进行交互就可以自动地得到计算资源能力，如网络存储等。除了购买，用户还可以自助使用、管理甚至注销所获得的资源，操作简洁明了，不需要经过专业的IT培训。

### （二）云计算对财务的影响

#### 1. 拓宽信息来源，实现信息共享

信息技术的发展推动着会计核算和财务管理工具的进步。会计电算化时代，管理层可以获得相对及时的财务数据，更好地对预算进行控制。云计算的出现，对会计的数据采集环境、采集工具以及采集模式产生了颠覆性的影响。

原有的会计数据采集是由内而外的，这既是由于外部数据的可获得性低，也受限于企业内部的会计系统。如今，把财务系统架构在云端，企业就可以向合作方、供应商、客户实时共享并索取数据，通过更多维度的数据，更好地对交易进行记录，提高会计处理的效率。在企业内部，也可以实时记录并传输业务数据，打通业务与财务的壁垒。

可以说，云计算在会计领域的应用，为企业搭建了一个分享信息资源、加强业财交流的平台，实现了财务信息的实时共享。在外部，上下游企业间得以实现更多维度的数据交流；在内部，业务与财务部门可以进行资源共享，丰富财务信息的内涵，提升会计信息的价值。

2. 消除物理限制，节约财务管理成本

早期的会计信息是通过手工处理的，在此过程中会产生大量的纸质原始凭证、账本，信息的使用者需要重复性地对这些纸质资料进行核对、验证、处理、记录。既占用物理存储空间，又不便于对信息进行标准化的存储和归类。会计电算化之后，这一问题有所改善，会计凭证逐渐被电子化，分门别类地存储在各企业、部门内部的服务器上。但这仍然受到存储空间的限制，很难实现部门或企业之间的信息共享，无法做到数据实时同步。

更现实的问题在于，企业搭建这一财务管理系统的成本很高，不仅需要采购服务器、做好配套的机房建设，还要购买成套的财务软件，支付后期的维护、更新费用。这大大提高了中小企业进行财务管理的门槛与成本。

云计算时代，财务软件也得以“云”化。企业只需按年支付软件的订阅费用，即可享受简单、高效、便捷、安全的会计信息服务。同时，在这种模式下，对软件进行维护的不再是企业雇用的专业技术人员，而是云财务软件的提供商，有效降低了企业前期构建系统以及后期维护管理的成本。

3. 重设财务流程，提高数据质量

信息技术的发展还改变了业务与财务部门的处理流程。在传统的财务处理流程中，采购部门同供应商下订单的同时，要把订单复印件送到财务部门；这些部门要在采购物资验收合格之后将验收报告送到财务部门；同时，财务部门还要验证并保存供应商开具的票。只有当采购订单、验收单、发票三张凭证齐全无误之后，财务部才向供应商支付货款。

云计算的应用重设了财务处理流程，把原本需要多次线下沟通的工作搬到线上进行标准化。如此一来，企业的采购业务、销售业务、合同签订业务、货物验收业务、财务处理业务都可以在线上完成，原始的文件和数据也可进行方便的传输和备份。更便捷的是，多个业务汇总的财务数据，会自动据设定好的运算规则，生成阶段性的报表和实时的图表，管理人员可以根据这些信息调整各项决策。云计算有效地帮助企业重设了财务流程，实现对数据和信息的实时归集和整理，降低沟通成本的同时有效提高了财务数据的质量。

4. 助力协同工作，让远程办公成为可能

在纸质会计时代，手工账本难以备份，财务人员只能在办公室内完成工作，并且不能同时使用一份原始资料，一定程度上降低了财务工作的效率。在电算化会计时代，虽然把数据进行了标准化的归集，但这些数据仅存储于若干台特定的计算机。如需使用，仍需费时、费力地进行拷贝，极大地限制了财务工作的灵活性。而对云财务系统来说，财务数据实时备份，并且对终端没有限制：无论是PC端，还是移动端，都可以通过账号、密码，登录企业的财务系统，从而消除了财务工作的时间和空间限制。

### （三）云计算在财务领域的实践运用

#### 1. 云 ERP 的发展

全球 ERP 市场近年来维持着小幅增长，其中的规模增量主要来自云 ERP 而非传统 ERP，云 ERP 有望逐步占领主导地位。

相比于美国，中国云 ERP 市场仍处于发展初期，渗透率偏低，但也预示着存在较大的提升空间。在“企业上云”氛围的整体推动下，国内企业信息化需求进一步激发，驱动中国 ERP 市场快速成长。

在软件国产化的趋势下，国产 ERP 软件厂商逐步挤压海外厂商份额，占据了主导地位。如今，面对企业灵活部署、数据互联互通的需求，ERP 向云端转型已成为大势所趋，国产 ERP 厂商通过及早转型有望继续维持优势：第一，政府以及企业用户的信息安全意识增强，加速了国产化替代进程。第二，国内厂商的技术及服务能力与海外厂商的差异减小，且具备更低成本、更快实施的特点。此外，国内厂商专注本地市场，其系统构架及应用更符合国内企业定制化的需求。

目前，用友、金蝶、浪潮在中国 ERP 市场合计占有超过 60% 的份额，也是云 ERP 厂商的主要代表。这三家企业实施云转型战略的时间点和进展虽然存在差异，但目前均已相继建立了覆盖大、中、小微企业的云产品体系。

金蝶云业务从中小企业市场发展而来，其针对中小企业发布星空云，提供财务、会计、供应链等模块，同时针对小微企业提供精斗云。2017 年，金蝶正式发布苍穹云服务，开始发力大型企业市场。

用友网络于 2012 年首次发布包括协同、财税、支付、营销在内的 4 款 SaaS（软件即服务）产品；而后又针对大型企业客户推出 NC Cloud（用友旗下大型企业数字化平台），针对中型企业推出云 U8 Cloud（用友推出的新一代云 ERP），横向与纵向相结合，不断拓展 SaaS 产品线。

浪潮针对大型企业推出 GS Cloud（地理空间数据云），配合人力云、差旅云、电子采购云、税管云等应用；针对中型企业市场，与 Odoo（比利时的一家开源企业软件公司）合资，依托双方在市场和技术方数字财务方面的多重优势共同打造 PS Cloud（基于微服务架构的开源 ERP 产品）平台；而针对小微企业，则推出云会计，提供票、财、税、金融、业务一体化的云 ERP 服务。

2. 财务云的发展

财务云一词最早由中兴财务云于 2011 年正式提出。中兴通讯作为全球领先的综合性通信制造业上市企业之一，自 2002 年着手筹备并于 2005 年正式成立了国内第一家财务共享服务中心。2010 年，在一次预判云计算技术发展趋势的研讨会中，中兴通讯财务共享服务团队提出，云计算将对未来的工作产生重大的影响，财务共享服务的下一步将走向云端，实现随时随地任意接入。2011 年，中兴通讯财务共享服务中心正式更名为财务云，并提出了“5A”服务理念，即任何时间（Anytime）、任何地点（Anywhere）、任何人（Anyone）都可以通过任何工具（Any Device）来获得财务服务（Anything），这就是财务云概念的首次正式提出。

某种意义上来说，财务云是云化的财务共享服务。财务共享服务中心的建立是财务转型的第一步，这一步实现了财务组织与职能的再造。企业能够在共享中心的基础上，建立“三分天下”的财务管理体系，即战略财务、业务财务、共享财务。战略财务从集团层面发挥控制和管理职能，负责计划和政策的制定，为企业的经营管理提供决策支持；业务财务深入业务单位，成为一支深入价值链的财务团队，对业务单位提供业务管理支持；共享财务则处理企业的基础核算业务，将分散、重复、大量的财务核算业务进行集中处理，实现标准化、专业化和流程化，为战略财务和业务财务提供支持。

随着数据量的膨胀，架构在集团内部的财务共享服务中心面临容量有限、灵活性差等问题，而依托于云计算技术，将财务信息系统部署在云端形成财务云，就能解决这一问题。除了自建私有云，企业还可直接按需向第三方云服务商订阅标准化的财务云系统，大大降低了中小企业财务转型的门槛，省去了自行部署的成本。

当然，财务云也不仅仅是简单地把财务共享服务云化，它更是新兴数字技术在财务领域的应用集合。财务云融合了云计算、大数据、人工智能、移动互联网、物联网等信息技术的功能，有望成为企业的大数据中心，帮助企业建立财务与业务的广泛连接，将企业经营过程中记录的海量数据进行采集、处理与挖掘，转化成信息、沉淀为知识、凝结成智慧。为管理层提供经营决策支持，为实现企业数字化赋能。

3. 财务云典型应用

随着越来越多的传统 ERP 服务商向云端转型，以及新兴的财务共享服务商出现，财务云市场的 SaaS 服务也开始表现出差异化。

（1）中兴新云

中兴新云 FOL 财务云信息系统，基于中兴新云团队多年沉淀的财务共享服务管理理念以及信息化建设经验形成，是企业建设财务共享服务、推动数字化转型的重要工具。FOL 财务云信息系统以财务共享为核心，集合费用、采购、销售、核算、资金和税务六大体系，采用成熟、主流的 IT 技术框架，通过各个系统的互联互通，实现了业务数据的自动采集与财务处理的智能高效，以帮助企业发挥数据价值。

①智能采集模块

票联系统：电子发票通过微信、支付宝卡包获取纸质发票混合拍照识别等方式采集各类票据信息。对接税务局系统自动验真验重，并可对旅客运输服务发票自动算税，为企业客户提供发票归集和验真、验重解决方案。

电子影像系统：实现电子信息采集、影像传输、集中存储和调阅管理，系统可扩展支持各类影像（如合同、财务报表和银行回单）的采集、管理和调阅，配合报账系统搭建基于影像的电子审核模式。

智能采集系统：基于机器学习，为各类影像建立分类模型，利用 OCR 技术将单据影像转换为结构化数据，辅之以自定义的手工录入模板数据，实现全方位电子信息采集、全单据价值数据整合。

②报销 & 报账模块

费用 App：集事前申请、发票归集、费用报销、业务审批、费用分析等功能于一体，打通业务财务壁垒，为员工提供个人费用移动报销的全流程服务。

智能票据箱：票据收集的远程自助服务终端，打通了移动智能报销中实物单据流转的断点。员工融合使用票联系统、费用 App 与智能票据箱，即可通过一部手机轻松完成发票采集、在线填单、单据投递的报销全流程。

报账系统：员工费用、供应商、客户、资产、总账、税金、薪酬等财务报账业务一体化处理平台；可结合基础数据平台、数据中台、预算控制系统，加强财务对各类开支的合理合规性管控，提高业务流程的效率。

③财务控制模块

合同结算系统：统一管理合同收付款计划，实时全面监控合同执行阶段的收支情况、发票进度等，关联合同数据与业务数据，帮助企业高效安排收支计划，防范管控资金风险。

预算控制系统：支持预算执行过程管控，保证业务部门各项开支均在预算范围内进行。主要功能包含预算模板定义、预算导入、预算复核、预算调整、控制规则、预算分析等。

④资金共享模块

银企互联系统：支持银行账户的集中管理、资金不落地支付以及银企自动对账。对接企业财务信息系统和外部银行，减少支付和对账的手工工作量，降低差错率，提高资金支付和管理效率。

资金管理系统：资金计划、调度、结算和投融资管理等的平台，支持企业财务部门、财务公司等多种应用模式，实现集团层面的资金集中、提高企业资金流使用效率、降低资金风险。

⑤税务共享模块

发票池：对企业生产经营过程中涉及的全类型发票进行集中管理，基于汇集的全票面信息、发票状态、报账信息、合同及关联信息等，深度挖掘发票价值，实现发票管理的便捷化、智能化，辅助企业经营决策。

进项发票管理系统：一站式解决企业进项发票的采集、签收、验真、报账、认证、抵扣、监控等全流程电子化管理，实现自动化和数字化的进项发票管理。

销项发票管理系统：通过管理平台或数据接口，获取开票数据，实现自动开票、生成报税数据、完成增值税调节表等，彻底消除发票流程中的重复工作，保证数据的一致性，将数据的效用最大化。

⑥财务运营模块

共享运营系统：共享运营系统是共享中心作业平台、财务业务统一处理平台、共享中心运营管理平台。系统内置任务调度机制、绩效管理机制、运营监控机制及统一会计引擎等，使得共享中心运营更为高效。

智能审核系统：基于获取的结构化数据，依据审核规则智能校验数据逻辑的一致性、合规性，推动从报账到审核、支付、记账的全流程智能处理，极大地减少了财务人工作业，防范人工审核的遗漏和失误，降低财务运行成本，提高审核效率与质量。

电子档案系统：基于安全性、实用性和开放性原则，将财务与业务相关系统产生的各类信息、纸质单据转化为电子档案，减少实物档案的邮寄成本和保管成本。对电子档案的归档、借阅、销毁全流程进行规范管理，并实现了会计档案的电子、实物借阅管理，提升档案管理效率，保障档案管理的安全。

⑦采购共享模块

采购共享—智能应付云：采购共享—智能应付云以采购的应付管理为聚焦点，以贯穿采购交易的结算 / 开票、对账 / 付款、认证报税全流程为主脉络，以供应链上下游企业围绕支付的线上智能协同为重点，解决集团企业客户的采购和财务业务部门面临的结算难、开票难以及支付数据管理难等一系列问题，并有效提升应付管理效率、管控合规风险等。

⑧营收共享模块

收款认领 / 营收稽核系统：聚焦企业收款环节，银行收款流水及票据进行清分认领，根据对账规则自动进行银企对账。同时对采集的营收数据进行匹配复核及稽核，进行差异处理，提高企业财务核能力，确保收入及时准确地认领、入账。

（2）金蝶财务云

金蝶财务云结合了金蝶云多年来在“三多”财务（多组织、多核算、多账簿）、阿米巴、资金管理、全面预算、共享财务、人人费用等领域的积累，采用 SaaS 模式，深度利用 RPA 技术、语音识别、图像识别、大数据、云计算等技术，通过引入财务机器人自动化地处理财务相关业务，推动企业智能财务的应用，进一步释放财务核算，使企业财务管理进入一个更高的层次同时能更及时、准确地收集企业运营信息，对企业绩效进行反馈监督，以便及时调整管理策略，体现信息的使用价值。

①智能收款

金蝶财务云实现销售收款驱动收款单自动生成，或通过移动端轻应用销售收款直接生成财务云的收款单；设置相应规则后，定时自动接收关联网银的收款信息，同时自动匹配生成对应客户的收款单，实时自动完成收款核销操作，提高收款效率。

②智能付款

金蝶财务云通过银企互联技术，程序化企业原有付款流程，同时结合大数据分析技术，让企业付款业务更智能、更安全、更快捷。供应商应付款自动根据发票、入库、订单等信息智能匹配，完成付款审核并自动提交付款。员工费用报销付款，自动根据发票和报销单匹配的一致性，参考员工信用档案，完成付款审核并提交付款。

③智能对账

金蝶财务云智能对账功能可大大减轻出纳的工作，支持自动下载银行电子对账单，智能匹配企业方相关记录，并自动进行日记账与银行账的勾兑工作，同时发送余额调节表给出纳进行核对，也支持与总账的自动对账及自动生成对账报告。

④智能预警

通过金蝶财务云监控平台设置费用、应付、应收、发票、成本等监控方案，采用比率分析、比较分析、因素分析及多种分析方法，对企业的经营活动、财务活动等进行分析、预测、预警，以发现企业在经营管理活动中潜在的经营和财务风险，并在危机发生前发出警告，督促企业相关管理部门采取有效措施，避免潜在风险演变成损失，实现财务关键数据智能预警，为改进经营决策和有效配置资源提供了可靠依据。

⑤智能报告

金蝶财务云通过成本云巡检主动发现问题并出具“智能云报告”，高效拉通运营平台、客户服务、研发相互协作机制，快速、智能地解决客户问题。对于应用问题，根据云报告出具的优化方案，客户或者伙伴可以自行处理，也可以接入“在线客服”；对于数据问题，可以通过云报告快速生成数据问题并提交问题；对于核算中断问题，可以批量接收云报告异常信息，主动修复问题。

⑥智能结账

金蝶财务云采用智能的月末结账处理方式，出纳、应收和应付业务系统结账时支持将未审核的单据自动挪到下一期间。总账结账所有凭证自动与业务进行核对，系统根据核对结果发出核对报告，并且可将重复的凭证生成模板，每月可定期生成记账凭证；对于期末调汇、折旧计提及损益结转等自动处理，无须人工操作，大大缩短了结账时间。

⑦智能记账

金蝶财务云通过智能会计平台可批量自动生成所有业务对应的凭证，根据设定的规则自动匹配现金流量项目，无须人工进行干预，保证了财务与业务数据的一致性和及时性。金蝶财务云支持发票扫描记账功能，即通过扫描发票自动生成凭证，大大减少了财务记账的工作量，让财务工作更加简单、高效。

⑧智能核算

金蝶财务云可以定制各种核算规则，设置核算范围、方式以及核算步骤，并可设置定时自动完成所有的成本核算，同时发送相应的合法性检查报告、成本核算报告、成本异常监控和预警，同时通过业务云巡检进行数据库的自我修复和优化，发送相应的巡检结果。此外，还引用智能机器人，帮助企业从时间、范围等多个维度实现更快速、更智能的全面成本管理。

⑨智能收票

金蝶云财务机器人直接连接金税系统，每天自动进行收票、验证、认证，获取后自动完成应收单匹配核销；自动发起付款申请，无缝连接后端银企支付系统；普票可以通过拍照、扫描方式进行数据的自动采集。

在发票认证方面，机器人可以快速解析电子发票内容，自动连接税务系统和电子发票平台服务商，识别电子发票的真伪，更新最新报销入账情况，杜绝假发票、重复入账发票。

⑩智能开票

金蝶云财务机器人在收款完成后自动触发开票流程，通过与金税系统的连接，实时开票和打印发票。在发货完成后，系统自动完成对应应收单开票核销，此外还可以通过客户对账单自动完成开票操作。

（3）用友财务云

用友云财务服务基于前沿的云计算、大数据、人工智能等技术，基于事项法会计理论、基于社会化商业新范式，为企业提供以智能报账、智能核算、智能影像、电子会计档案为核心的财务服务，帮助企业建立具有连接、融合、实时、智能新特性的财务云应用。

①智能报账服务

需经过事前申请、服务预订、自动报账、对账开票、付款结算、自动核算、报告分析几大步骤，提供端到端的一站式报账服务与连接服务，打通申请、审批、交易、报账、支付、核算、报告所有环节，无缝对接主流财务软件，实现会计凭证、业务单据自动生成实时联查，减少财务操作。用友智能报账服务的特点有：消费记录随时、随地、随手记录；第三方平台数据自动导入，透明合规；自动匹配报账类型，去除冗余报账内容；实时分摊，费用准确归属；碎片化审批，高效便捷。

②智能核算服务

用友财务云内嵌多种会计业务机器人，如凭证机器人、记账机器人和月结机器人等，实现会计处理的自动化，告别低效率重复劳动，释放财务生产力至管理会计和战略会计；融合业务云、ERP 业务系统，通过智能会计平台机器人自动实时生成凭证，为企业提供自动化实时核算服务；借助业财融合一体化及核算自动化，实现数据实时更新、账表实时生成功能，利润趋势、收入趋势、费用趋势、经营情况、杜邦比率和关键指标等数据一目了然、及时把控。

③电子会计档案与智能影像服务

提供会计档案的电子归档、存档、查阅等服务，诸如凭证、账簿、财务报表、原始凭证影像、电子发票等资料都可直接电子归档。除了单纯的归档外，还具备管理、调用、统计分析等档案管理标准功能，充分实现会计无纸化功能。智能影像服务主要提供影像采集、影像处理、影像存储和影像查阅等服务。

（4）浪潮财务云

浪潮认为，财务云是财务共享管理模式与云计算、移动互联网、大数据等技术有机融合的结果，建立集中、统一的企业财务云中心，可实现财务共享服务、财务管理、资金管理三中心合一，支持多终端接入模式，实现“核算报账、资金、决策”在全集团内的协同应用。

浪潮财务云信息系统包括财务共享云、税管云、报账云。财务共享云注重业财融合，支持网上报账、预算管理、集成商旅管理、电子发票税务管理、电子影像、资金管理等全面财务管理内容，结合企业管理及信息化应用现状，与财务共享五级成熟度模型相匹配，为不同的企业量身打造财务共享云。

浪潮财务云实现了业财资税一体化，为企业夯实了横向管控基础。浪潮财务云通过横向打通业务系统与财务共享平台，实现业务同源入口。也就是说，网上报账业务单据直接来源于业务系统发起，并且通过建立联查追溯机制，能够提供全价值链财务管理支持。

浪潮财务云将影像系统与报账系统紧密结合，原始发票扫描或者拍照传入影像系统，保障系统单据流转的每个节点可随时调阅影像信息，解决共享模式下跨地域业务处理的难题，实现票据影像与实务统一管理，打通全电子化、可视化的财务共享中心业务流程。

此外，浪潮还结合多个行业税制改革实施细则和政策的管理要求，沉淀业财资税一体化业务需求，构筑了全面税务管理解决方案。帮助企业建立税务风险控制体系，实现合规、准确的纳税，提供税务风险预警。同时完善了发票管理体系，规范了税务管理流程，全面提升税务管理自动化程度，发票一点认证、纳税一点申报。

通过上文介绍，浪潮财务云具备以下六大特征：

①管理集约化

通过推进制度、流程的建设及持续优化，实现系统集成、业务集中、人员集中的服务模式，提高工作效率、提升服务质量。

②核算自动化

与 ERP 系统对接，即 ERP 业务完成自动推送核算信息到财务云生成凭证；与资金系统对接，即付款指令发送、付款完成后生成会计核算凭证；与税控系统对接，即影像系统对接实现发票数据提取、进行发票认证、登记发票信息、生成核算凭证。

③业务标准化

利用 ERP 作为主数据的统一入口，通过规范化的作业流程、直连互通的 IT 系统等手段，提供标准化的财务与经营数据，支撑财务核算和经营分析。

④监管可视化

财务共享中心内部拥有工作任务、异常流程的监控和管理功能，能够实时监控各岗位待办任务，各岗位、各员工工作完成情况，实时监控和分析平台内各流程异常情况等，绩效看板实时展示共享中心运营情况，为共享中心持续运营提供大数据分析支撑。

⑤个性开发

在标准产品的基础上，增加符合 ERP 实际运营的个性化需求，优化共享中心运营。相比传统产品来说，更具有灵活性与适应性。

⑥数据运用

借助大数据等技术，构建多维数据分析体系，搭建分析模型。提升共享中心运营与数据输出能力，更好地提升财务工作的价值，让数据为决策赋能。

## 二、大数据

2015 年，国务院印发《促进大数据发展行动纲要》，从国家层面宣布了数据是中国基础性的国家战略资源，首次将大数据行业定位到国家战略层面，大数据成为推动经济转型发展的新动力，成为重塑国家竞争优势的新机遇，成为提升国民经济发展和政府治理能力的新途径。目前我国在互联网、电信、金融等各大行业领域，都已采用大数据、人工智能、区块链等新技术和应用解决方案，行业价值和市场发展空间巨大。数据类型和来源的拓展之于财务数据来说，一方面提高了财务数据的附加值，使其在企业管理决策中能够发挥更大的预测作用；另一方面，产生财务数据的过程会发生变革，财务数据的准确度和时效性将大幅提升。大数据技术将推动财务数据成为企业最具价值的资产之一。

### （一）大数据概述

#### 1. 大数据的概念

“大数据”这一概念最早公开出现于 1998 年，美国科学家约翰·马西在一次国际会议中指出，随着数据量的快速增长，未来将出现难理解、难获取、难处理和难组织 4 个数据方面的难题，并用“Big Data（大数据）”来描述这一挑战，并引发了计算领域的思考。大数据权威研究机构 Gartner（美国的一家信息技术研究分析公司）认为：大数据是指无法在一定时间范围内用常规软件工具进行捕捉、管理和处理的数据集合，是需要新处理模式才能具有更强的决策力、洞察发现力和流程优化能力的海量、高增长率和多样化的信息资产。

麦肯锡全球研究所给出的定义是：大数据是一种规模大到在获取、存储、管理、分析方面大大超出了传统数据库软件工具能力范围的数据集合，具有海量的数据规模、快速的数据流转、多样的数据类型和价值密度低四大特征。

国际数据公司（IDC）的定义是：大数据是用来描述和定义信息化社会所产生的海量数据，设计的新架构和技术，进行的技术发展与创新，目的是更经济、有效地从高频率、大容量、不同类型和结构的数据中获取相关价值。

综合以上观点，本书认为大数据就是随着数字技术的不断进步所产生的可储存、可分析、可应用的一种数据，是无法通过常规工具在短时间内进行获取、存储、管理和处理的数据集合，具有体量庞大、类型丰富、更新速度快等特征。通过大数据技术，人们可以收集到海量数据，并发现其中的规律或者潜在联系，进而提取出有效的信息。

2. 大数据的类型

（1）按数据结构类型划分

按数据结构类型划分，大数据可以分为结构化、半结构化和非结构化数据。

第一，结构化数据也称作行数据，是由二维表结构来表达逻辑和实现的数据，简单地说就是数据库。这一类数据以行为单位，一行数据表示一个实体的信息，每一行数据的属性是相同的。结构化数据严格遵循数据格式与长度规范，扩展性较差。诸如企业所用的 ERP 系统就属于结构化数据的范畴。

第二，半结构化数据仍属于结构化数据的范畴，但是其结构变化很大，无法仅通过一个二维表来完整描述，也不能简单地将其看作非结构化数据而储存为一个文件，否则会造成信息缺失。企业的财务报表即属于半结构化数据，既具备结构化数据较为规整的特征，又含有一定的信息量，不能单纯地用一个二维表来表达。

第三，非结构化数据就是没有固定结构的数据。各种文档、图片、视频、音频等都属于非结构化数据。非结构化数据也是财务数字化转型中新增加的主要部分。随着数字技术的应用，财务部门所处理分析的不再仅仅是单薄的报表数字，而会包括如竞争对手年度报告中文字部分所表达的情绪、用户产生内容（UGC）所代表的消费者偏好等，以帮助企业更好地进行战略决策。

（2）按数据来源划分

按数据来源划分，大数据可以分为以下三类：

第一，来源于机器和传感器的数据。主要包括设备自发产生的数据。

第二，来源于计算机的数据。包括企业 ERP 系统、财务信息系统、销售管理系统、客户管理系统、订单系统等产生的数据。

第三，人为数据。包括邮件、音频、文字、视频以及通过浏览器、社交平台、电商平台等产生的数据。

（3）大数据的特征

①海量性（Volume）

数据的规模已经从 GB 级增加到 TB 级，再增加到 PB 级，近年来，数据量甚至开始以 EB 和 ZB 来计算。2018 年全球新产生的数据量为 33ZB，一年的大数据体量已经超过了人类上千年印刷材料的数据总量。

②多样性（Variety）

传统 IT 产业产生和处理的数据大部分是结构化数据，比较单一。而大数据中占比最大的是半结构化和非结构化数据，从 XML、博客、邮件、即时消息到视频、照片，均属于大数据的范畴。

③时效性（Velocity）

大数据的产生、处理和分析的速度正在持续变快，如今数据搜集和处理的大趋势是实时化。业界对大数据的处理能力有一个称谓——“1 秒定律”，也就是说仅需要 1 秒钟就能够从海量大数据中快速获得具有价值的信息。大数据的时效性和快速处理能力充分表现出它与传统数据处理技术的根本区别。

④准确性（Veracity）

虽然大数据类型繁杂，但是大数据具有关联性，每份数据之间都存在着千丝万缕的联系。从不同主体、不同渠道收集的信息可以互相验证、互相辅佐，数据的准确性和可信赖度大幅提高，从而在处理过程中能够更好地提取更具价值的信息，以提高决策的效率。

⑤价值密度低（Value）

数字经济时代，信息感知和搜集无处不在。海量的数据和信息间接导致了价值密度较低的特性，如何结合业务逻辑并通过强大的机器算法来挖掘数据价值，是大数据时代最需要解决的问题。

### （二）大数据对财务的影响

大数据时代给社会各个领域或行业都带来了一定冲击，财务部门作为处在企业内部连接各个业务部门的关键节点，所要面对的是更加海量、复杂和多变的数据内容，传统的财务管理方式需要发生变革以适应大数据时代下的标准。陈冬华教授指出："财务部门一直是组织中处理数据的部门，随着其掌握数据量的爆发，将自然成长为企业的数据部门；财务领导者也将凭借独到优势，为企业经营和发展提供专业洞见。"① 为了有效地应对挑战，企业的财务管理模式必须进行变革和创新。

大数据能够促进财务部门的职能发生转变。传统的财务部门把财务人员的职责定位为整理凭证、管理账目、制作报表、归档等工作。但在大数据时代，财务部门作为企业的数据中心，财务核算不再是工作的重点，挖掘数据、分析数据的技能渐渐成为财务人员的必修课。利用大数据核算业绩、监察内控、管理预算、计划激励、管理投资等管理类工作将成为新的工作重点。另外，不同于过往只能依靠历史的、结构化的报表数据，大量非结构化、碎片化的外部数据将成为会计决策的基础数据来源，尤其是与管理决策密切相关的宏观经济环境变化、行业发展动向、消费者偏好及倾向、员工行为特征变化等非财务数据，将有效提升管理决策的反应速度和效率。

大数据逐渐模糊了财务部门和业务部门的界限。在大数据技术的应用下，企业各职能部门之间的信息孤岛将被打破，从而建立起互联互通的内部数据共享中心。企业将拥有更多样、更全面的数据来源，未来财务人员将更熟悉企业业务运营情况。一方面，财务的成本核算数据、消费者调查数据、竞争对手分析数据等可以支撑业务更好地发展；另一方面，了解业务部门商业逻辑和生产、销售的具体流程，也有助于财务更好地为企业战略管理服务。

财务部门将从相对滞后的后端走到企业前端。传统财务在企业中要起到的是总结作用。在经营结束后，将企业过去一年的利润情况和年底的资产负债情况作盘点和分析，这大多是出于解决信息不对称的要求，对企业发展来说作用并不显著。但是，当财务数据变得更广泛、更及时的时候，财务部门开始逐渐向企业这台"机器"的前方移动，开始成为"探照灯"，用大数据为企业洞察、预测未来，支持战略层面的管理决策。

① 财务云.2020 财务未来发展报告《财务的自动化 智能化 数字化》正式发布！[R/OL]（2020-1-6）[2023-1-20].https：//zhuanlan.zhihu.com/p/101252624?utm_source=wechat_session&utm_id=0

1. 大数据对财务的积极作用

（1）提升财务数据质量

我们知道，会计计量上有多种方法可以选择，如历史成本、公允价值重置成本等。但由于谨慎性原则的存在，会计准则在计量上的规定一般是比较保守的，大部分采用历史成本计量，或者只允许下调固定资产等科目的价值，在没有明晰证据的条件下，极少允许上调资产价值。市场瞬息万变，导致了财务报表有时与企业真实的经营情况偏差较大，财务数据无法反映真实情况而失去了应有的价值。

但是，在大数据时代下，企业财务部门和审计人员均可以收到市场上多方面来源的不同信息，通过它们的相互验证，公允价值等数据会变得越来越准确化、透明化、公开化，从整体上提高了会计计量数据来源的可信度。大数据的普及也会对会计准则规定产生一定的影响，有助于财务报表在遵守谨慎性原则的同时变得更加公允。

（2）提高财务管理效率

在传统模式下，财务人员通常按月汇总一次会计记录，并整理出具报表，在缺乏技术支持的条件下，难以实现财务数据的实时统计和分析。而通过大数据技术，财务管理能够实现实时一体化汇总企业决策所需信息，如库存数据、生产数据、销售数据、资金运转数据等，管理层可以通过这些数据准确判断企业业务的现时运转情况，及时进行调整。

大数据技术有效地保证了财务管理工作的实时性、准确性以及安全性，给企业的财务决断带来更高效的数据支持，提高了财务管理工作的效率。

（3）提高财务管理维度

财务管理以会计信息作为基础。会计信息一般是指对企业财务状况、经营成果和资金变动等信息所做的记录，是经过各部门信息处理之后产生的间接信息。传统模式下，会计信息强调的仅仅是企业经营的结果，在依据会计信息做决策的时候难免出现信息滞后等状况。在大数据的背景下，财务部门的信息来源不再局限于企业内部的经营记录，完全可以掌握企业生产经营的各个环节的资料以及外部相关信息。所以，财务人员可以利用更广泛、更精准的财务信息发挥财务部门更大的价值，大数据在财务领域的应用能够提高企业对成本的掌控能力，进一步改善财务管理状况，为企业的重大决策和效益经营提供全面的信息保障，实现财务管理维度的提升。

（4）降低财务风险

要做好财务管理工作，不但要了解企业内部的经营情况，更要关注宏观环境、外部市场和竞争对手的动向。按现阶段的信息收集能力来看，要及时、准确掌握同行的状况是比较困难的。而大数据的应用可以为财务工作提供及时、准确的信息支持，有助于应对内外部可能发生的变化，确保把财务风险降到最低。

2. 大数据给财务带来的挑战

（1）对财务人员能力提出更高要求

在大数据时代背景下，各类业务数据都能及时地在网上更新，财务人员必须通过互联网、智能系统或云端等提取数据，这对员工的专业知识和信息技术提出了更高的要求。技术进步和大数据的普遍使用增加了财务分析的难度，给财务人员带来了新的挑战，财务人员需要不断提高自身硬实力、增强数据采集和分析的准确性。

（2）增加信息保密难度

随着大数据应用范围的不断增加，财务信息安全问题日益突出。由于蚁群算法的固有缺陷，大数据技术在数据集成的拓扑领域面临着保密性的挑战。当前数据的控制一般依靠各类交易密码，而这些密码实质上也是数据的组合，在数据的非线性组合和线路的真空组装模式下，任何密码都只是阻挡“盗窃”的暂时性举动，是没有超出技术本身的惰性存在。当黑客掌握了源代码的介质性接洽技术后，剩下的就只是数据搜集工作，信息安全将面临极大风险。

（3）为财务管理安全带来考验

从外部来说，财务软件面临黑客攻击和病毒侵袭的问题，可能会出现系统瘫痪、数据丢失等财务管理的风险。从内部来说操作软件的财务人员能力参差不齐，任何一个环节的失误都会对企业财务安全造成威胁。并且，随着大数据的应用，企业需要不断调整以适应财务转型变革的过程中很可能存在的内部控制的漏洞，企业内控存在失效的可能性。

3. 大数据背景下的财务管理对策

（1）建立完善的财务管理信息化制度

在大数据时代背景下，企业可获得的数据体量呈几何式增长，企业必须不断地提高自己对数据的管理能力才能适应越来越激烈的市场环境。首先企业需要对财务管理理念进行更新，坚定财务改革的信心。其次，为了充分利用大数据技术来及时把控业务情况并了解外部环境变化，企业及早制定适合自身实际情况的财务管理信息化制度是必要的。最后，企业需要优化内部网络环境，构建财务管理信息数据平台，并完善相关程序执行和内部控制制度，尽可能降低操作风险，保证财务信息的完整性和安全性，为大数据在企业财务部门的应用建立制度基础。

（2）加强企业内部大数据技术应用的建设

企业需要了解大数据的优势并明确自己应用大数据的目的，结合所处行业和主营业务特点，加强与企业实际相契合的大数据应用的建设。在大部分企业的内部财务系统相对落后的情况下，大数据相关应用的升级迫在眉睫。强化企业内部的信息系统建设，实现企业内部各部门数据与财务信息系统的完美对接是大数据应用于企业财务管理的必要条件。

（3）提高企业财务管理人员的信息处理能力

大数据时代最大的优势在于企业对数据的全面迅速掌握，通过财务部门对数据信息及时的处理，把数据中的潜在价值充分发掘出来，有利于科学决策。因此，企业高层必须重视对财务管理人员数据综合能力的培养，加强对管理人员的财务技能、计算机水平、战略管理知识的培训活动，确保管理人员具备足够的知识和能力来对数据进行挖掘和分析，能够实时获知企业内外部情况并发现经营过程中出现的问题，为企业管理层的战略决策提供全面、有效的信息支持。

（4）积极建立数据信息风险防范体系

在大数据时代，企业必须重视保密工作，特别是对涉及商业机密的数据和信息的保护至关重要。因此，在企业进行信息化建设、享受大数据技术便利的同时，需要加强内部控制，明确各岗位职责和授权审批权限，提高全体员工的数据信息风险的预防意识。为有效规避网络风险，企业还应当建立一套完整的网络防御体系，防止恶意盗取和攻击。在实际操作中，要加强对财务人员的培训，如财务人员管理企业内部数据的过程中，要进行定期备份操作，以免计算机系统出现故障等给企业带来无可挽回的损失。

综上所述，大数据时代财务领域的机遇与挑战并行，企业应当与时俱进，善于利用大数据技术带来的强大助力，让财务管理工作变得更加科学、高效。通过财务管理意识的转变，不断完善企业财务管理制度，加快财务管理信息化的脚步，培养出适应大数据时代的财务管理人才，促进企业财务转型，从而实现更健康的企业发展。

### （三）大数据在财务领域的实践运用

大数据技术在新兴数字技术中属于应用落地范围较广的技术之一。从电商平台的“猜你喜欢”，到抗击疫情、城市建设，大数据遍布我们生活的方方面面。大数据与云计算、区块链、人工智能等技术结合，发挥出更大的功能。下面从企业财务管理方面介绍大数据在财务领域的应用。

在会计工作中应用大数据思维与技术，首先要明确需要搜集什么样的数据，通过什么渠道来搜集数据；其次，要解决如何分析、搜集、整理数据的问题；最后，要思考如何利用这些数据提高会计服务能力。

现阶段建设财务共享服务中心是广泛搜集生产经营和财务数据的一种重要方式。在现行的财务会计核算方式下，业务数据与财务数据的记录、储存和分析是分开的。财会人员目前处理的是会计核算系统中记录和储存的数据，对业务部门的数据了解不多，更不会去进行深入分析，所以财会人员与业务部门是相互独立的。而通过财务共享服务中心，财会人员能够得到全面、系统的各种数据，使财务与业务的联系更加密切，逐步形成财务与业务一体化的格局，为企业提供及时的财务分析、高效的管理控制和全面的决策支持。因此，财务共享服务中心是企业利用大数据技术的基础。

大数据与其他数字技术结合，可以实现更精确的客户信用评估、供应商管理、预算管理等功能，但目前大部分企业财务的大数据应用发展阶段还停留在数据搜集阶段，数据分析和提高会计服务的能力还需进一步研究和普及。

毋庸置疑，大数据在财务领域拥有着广阔的发展前景。但是，随着运用越来越广泛，大数据逐渐成为企业重要资产的同时，也让企业或个人仿佛生存于“玻璃房”中，如果数据缺乏有效管理，就有泄露和被有心人利用的风险。

目前，我们面临着数据资产管理水平不足、行业标准缺失、法规政策保障不完善等一系列制约因素。数据具有高价值、无限复制、可流动等特性，一旦系统被恶意攻击，集中储存的大数据泄露，带来的就是企业机密和个人隐私被窃取，甚至引发基于数据的诈骗等犯罪行为。

为推动大数据的发展应用，首先，需要进一步提升数据管理能力，全社会需要建立统一的数据流通闭环，针对各个数据储存节点加强技术保护。企业内部也要完善内部控制和风险管理，保护客户隐私和企业核心数据，不断强化财务领域的大数据应用基础能力，持续完善产业生态环境。其次，行业内要加快标准规范建设，国家需要加快数据安全立法工作，对各类数据的隐私等级进行明确划分。最后，需要在全社会普及数据安全教育，增强客户的数据风险意识和企业使用大数据的安全意识，形成防范大数据风险的社会氛围。

## 三、人工智能

从 2017 年开始，人工智能连续三年被写入中国政府工作报告，而 2019 年的政府工作报告不仅延续了推进人工智能发展的大方向，更首次提出了“智能 +”的概念，体现出我国从顶层设计的角度，已经将人工智能视为国家战略重要的基础设施，通过其与产业的融合，促进经济的高质量发展。人工智能在财务领域的应用成就同样受人瞩目，引发了众多关于财务将何去何从的讨论。几年时间内，银企智能对账系统、单据智能审核、智能风险控制等一系列成果逐渐显现，对财务的智能化转型有着极大的推动作用。

### （一）人工智能概述

1. 人工智能的概念

人工智能（Artificial Intelligence，AI），顾名思义，即人工打造出的智能，属于计算机科学的一个分支，旨在通过研究人类思维方式，归纳人类思考规律，使计算机通过深度学习，能够模仿人类的思考方式，实现人脑的部分功能，替代人脑解决特定问题。深度学习是机器学习的一种，通过模式分析建立能够模拟人脑进行分析学习的神经网络，实现机器智能化。它的基本特点是试图模仿人类大脑的神经元之间传递和处理信息的模式。

打个比方，AI 就像是某个领域的初级人士，通过吸收大量的知识及深度学习，最终进阶成专家。大数据类似于大脑中记忆和存储的海量知识，这些知识只有通过进一步学习才能创造出更大的价值。云计算则充当大脑，完成对知识进行消化、吸收及再造的任务。AI 离不开大数据，更需要云计算帮助完成深度学习。

AI 系统具有一定的自适应特性和自我学习的能力，从而根据外部环境、任务和输入数据的变化自主调节参数并更新优化模型。除此之外，AI 系统还能够与云、端、人等进行数字连接，实现机器的进化迭代，使系统具有扩展性和灵活性。“自动化”追求的是机器自动生产，强调大规模的机器生产；而“智能化”追求的是机器的柔性生产，强调机器能够自主配合人的工作，自主适应环境变化。

2. 人工智能的分类

按照 AI 对人类认知的模拟程度，可以将其分为弱人工智能、强人工智能以及超人工智能，三者是递进关系，由于发展目标不同，带来的也是完全不同的发展路径。弱人工智能突出的是人工智能的工具性，主要思路是借鉴人类的某些智能行为，减轻人类在某些领域智力劳动的负担。强人工智能和超人工智能强调的是“人造智能”，意在研发出具有心智和意识，并能够按照其心智和意识行动的人造物或者机器，超人工智能甚至可能造成人工智能对人的全面超越和替代。目前学界和业界的主流观点仍然是发展弱人工智能，人工智能是人类的辅助，目的不是代替或者超越人类智能。

3. 人工智能产业链分析

AI 产业链分为基础层、技术层、应用层三个部分。

（1）基础层

基础层（上游）负责提供支撑 AI 的设施和方法，是 AI 发展的基础。主要包括芯片、传感器、算法、大数据技术等。大数据、计算能力以及算法是拉动 AI 发展的三驾马车，缺一不可。

大数据是 AI 发展的基础，也是计算机模仿人类思考所需的“原材料”。深度学习算法的核心在于获得优质的数据对机器进行训练，因此能否取得目标相关的足量优质数据是 AI 技术是否成功的关键。举例来说，科大讯飞在智能语音领域的重要优势之一就来源于获得了大量优秀的方言数据来学习，因此其语音识别产品能够较好地应对各种方言识别工作，建立了“护城河”。

计算能力主要衡量计算机硬件的性能，是 AI 发展的核心动力。目前这一轮 AI 的繁荣主要来源于计算能力的大幅提升。随着现实应用中需要解决的具体问题越来越复杂，AI 算法对硬件计算能力的需求近乎无止境。虽然当前芯片开发技术不断进步，云计算服务越来越完善，但是对于一些高难度和高复杂度的 AI 工作，要训练出足够好的解决模型，依然需要非常大的硬件计算能力，才能完成AI的进一步飞跃发展。

算法是一系列解决问题的清晰指令，代表着用系统的方法描述解决问题的策略机制，是AI发展的领航图。通过一个算法，能够对符合一定规范的输入，在有限的时间内获得所要求的输出。不同的算法可能用不同的时间、空间或效率来完成同样的任务，因此在AI领域，为了使学习模型在特定应用场景取得较好的效果，往往需要做很多的算法优化，以达到更快的计算效率、更准确的分类概率等。

（2）技术层

技术层（中游）是整个AI的核心，代表的是基于现有的AI算法的具备扩展性的基础性技术，当前在实际应用中达到较好智能效果的主要是语音识别、计算机视觉、自然语言处理技术、知识图谱等。

语音识别是指机器或程序接收、解释声音，或理解和执行口头命令的能力，能将音频数据转换成文本数据，为信息处理和数据挖掘奠定基础。语音识别广泛应用于办公领域的会议录音转文字、视频处理中生成字幕等。

计算机视觉是通过利用计算机对图像或视频信息进行处理分析，以模拟实现人类通过眼睛观察和理解外界世界的技术。计算机视觉技术相当于给机器安上了具备视觉能力的眼睛，从而替代人类完成部分工作。随着近年来计算机视觉技术在多个领域的应用实现突破进展，目前已成为AI最炙手可热的技术分支之一。

计算机视觉的实现，需要大量的图像数据对计算机进行训练，如人类面部图片、静物图片、证件图片等，依靠AI芯片和深度学习算法进行归类判断。最终对输入图像进行识别。目前图像识别的核心技术，已经广泛应用于动态人脸识别、人像库实时检索、证件识别等领域，可用于银行、移动支付、安防交通、无人驾驶、零售等具体场景。

自然语言处理技术（NLP）指的是利用计算机对语言文字进行分析。以模拟实现人类对于语言的理解和技术掌控。通俗地说，就是机器接受用户自然语言形式的输入，并在内部通过人类所定义的算法进行加工、计算等系列操作，以模拟人类对自然语言的理解，并返回用户所期望的结果。

NLP由认知、理解、生成等步骤组成。基于数据及知识图谱，计算机通过阅读（知识）自动获取信息，将输入的语言变为有具体含义的符号，再根据使用者的意图进行处理，重新编为人类语言输出。与语音识别关注准确度不同，NLP 更强调语言的具体含义及语境，目标是理解句子意图和上下文含义。语音识别技术基本已经依靠 AI 芯片、深度学习算法及麦克风阵列硬件实现应用，而 NLP 仍有很多基础工作要积累，如算法建模、数据标签、知识图谱等。NLP 是实现机器认知智能的关键技术，虽然当前面临较大的挑战，但一旦其取得进步和突破，将对人类社会产生深远的影响。

知识图谱本质上是一种揭示事物之间联系的语义网络，通过整理总结执行任务所需要的知识，并建立这些知识之间的关联关系，最终以图的形式将其表达出来，并对这些知识进行分类、归纳和总结。NLP 和知识图谱是为了达成同一个目的——让机器和人类有相同的思考理解能力，并且机器可以和人类进行拟人化的交互。在实际应用中，知识图谱和 NLP 的使用场景也是一致的，如智能翻译、智能问答等，两者是互相支持的，知识图谱的构建离不开 NLP 对自然语言信息的抽取、NLP 的应用也需要知识图谱的关联分析和推理能力。

（3）应用层

应用层（下游）指的是 AI 技术在各个行业中的实际应用，是技术和场景结合落地的环节。目前 AI 应用比较多的下游行业主要包括金融、安防医疗、智能穿戴等。当前 AI 的应用格局仍在构建中，落地应用星罗棋布，最广泛使用的技术有机器学习、计算机视觉、NLP 等，但落地实际商业场景的不多，且主要方式是依附于企业自身的业务，实现某些局部应用的人工智能化。

### （二）人工智能对财务的影响

#### 1. 降低财务工作强度

AI 的发展，能够简化财务流程，替代过往大量基础性工作，从而降低财务人员的工作强度。受技术影响最大的基层财务人员往往负担着极大的工作量，尤其是报表期末期初的时间。而随着 AI 的逐步应用，很多财务处理的工作可以通过技术和系统自动实现，财务人员可以通过简单的操作轻松处理大量的账务，极大地减轻了工作负担。报销付款、银行日记账等工作可以由 AI 完成，财务人员的工作重心将从会计信息录入、整理等转变至会计信息的筛选、分析、审核等关键环节上。

2. 提高财务工作准确性

一方面，AI 能够极大程度地减少财务领域的人为失误。在传统财务工作体系中，需要人工进行会计信息的筛选及录入等作业，经常会出现如报表不平、往来账不一致等问题。当因人工错误出现偏差时，财务人员只能通过反复核查来找出错误源头，这又进一步增加了工作负担。AI 的应用能够大幅降低人为失误频率，即便在前期会计信息录入环节出现失误，智能系统也会进行实时提示或预警，以帮助会计人员及时更正错误。可见，AI 可以提升财务信息处理的准确性，并提高财务工作效率。另一方面，AI 的出现扩展了传统财务可分析的数据范围，过往受限于人力成本而只能抽样检查的信息和原始凭证，通过 AI 能够实现全覆盖，从而降低财务风险。

3. 提高财务智能化水平

AI 等技术与财务理论的结合形成了智能财务管理这种新的财务管理模式，有助于实现高水平的、全面的、多功能的资源优化。在财务智能化时代，信息技术不仅可以代替人类进行数据搜集及加工工作，更可以通过机器深度学习，加强财务数据智能化的分析和运用，帮助财务人员进行智能决策，提高财务智能化水平。AI 的发展是实现智能财务的重要推动力。

王兴山提出智能财务应用分为三个发展层次：第一，基于既定规则的自动化具体表现为财务机器人的自动对账、智能报告等；第二，基于对话式用户界面（U）的数字助理，主要特征是语言交互和人机协作；第三，基于深度学习的企业大脑典型场景是以大数据为基础的智能决策和风险内控。

智能财务的发展规律往往从大型企业起步，经过程序开发升级、与业务系统的磨合等环节，逐渐扩展至中小企业，最后甚至可以实现直接外挂在财务系统上的智能财务管理功能。智能财务管理是数字财务发展的高级形态，将 AI 等数字技术应用到财务分析、决策领域，实现对财务领域的全覆盖。

### （三）人工智能在财务领域的实践运用

总的来说，AI 在财务方面的应用主要体现在流程和决策上。其中，AI 有助于简化企业财务处理的流程，减少人工投入从而提高效率；并且，其可以通过精准的数据分析，为企业经营提供高质量预测，并辅助财务管理人员进行决策。

1.OCR 技术辅助财务审核

OCR（光学字符识别）技术属于计算机视觉的一种，能够利用光学设备如摄像机、扫描仪等将纸质文件上的文字转化为图像，再通过算法将其转化成为计算机能够识别和分析的编码。在传统的财务流程中，需要财务人员投入大量的精力对单据进行审核，一方面费时费力、效率较低；另一方面人工审核的准确性和稳定性难以控制。而利用 OCR 技术来获取文本高度格式化的单据内容，再利用相关算法实现单据的智能化审核，能够促进财务智能化水平的提升，使财务人员更好地投入到高附加值工作中。

比如，中兴新云票联系统，员工首先可以混合拍摄多张单据并上传到系统，通过 OCR 技术对发票分门别类地识别有效信息，此步骤准确率十分高。随后，智能审核系统基于设定规则对单据信息进行全方位审核，包括业务真实性、金额合理性、付款合规性、时间匹配性等指标，最后直接对接到报销系统和记账系统中，实现全流程智能化处理。

2. NLP 技术在智慧审计中的运用

审计工作中经常涉及大量结构化和非结构化的文本资料，如业务合同、企业制度、相关法律法规等。面对海量且复杂的文本搜寻核对工作，传统审计不仅需要耗费大量低效的人工劳动，并且人工抽样方法存在审核盲区，增加了审计风险。而 NLP 技术可以快速处理海量的非结构文本数据，提高多数据源的审查分析能力，在审计过程中可以替代人工的文本阅读和信息获取工作，实现全面审查。例如，审计人员可以利用 NLP 技术提取合同文本信息等重要内部信息，通过语言模型算法对合同信息和工商经营信息等外部信息进行比对，判断所审查合同对应条款的签订是否符合相关规定，从而筛选出高风险合同进行重点审计。

3. 知识图谱协助供应商管理

利用知识图谱进行供应商管理是 AI 在财务中的一项重要应用。知识图谱最有价值之处在于对知识进行学习和开展推理的能力，比起传统的数据库系统，知识图谱在建立复杂的关系网络和实现更高效的关联查询方面更有优势。比如说，在企业对供应商的筛选活动中，由于信息不对称，企业通常面临着供应商信用的风险等。而采用知识图谱及相关智能财务解决方案，能够在供应商筛选方面为企业带来明显的价值提升。一方面，在招标阶段，企业可利用知识图谱构建的关系网络，结合其他数字技术，自动审查投标供应商的基础信用，排除不合格企业；对入选供应商追溯历史交易记录、股权关系等，以防招标黑名单中的禁入企业利用其隐藏关联方投保；进行分析审核，防止供应商关联企业违反投标问题。另一方面，在供应商日常管理中，利用知识图谱能够自动更新供应商相关信息，实现供应商及其关联关系的维护管理，出具供应商分析报告，提前识别风险，降低企业损失。

4. 财务机器人

机器人流程自动化（RPA）是在人工智能和自动化技术的基础上，依据预先录制的脚本与现有用户系统进行交互并完成预期任务的技术。RPA 通过模拟并增强人类与计算机的交互过程，接管了原有工作流程中的人工操作部分，实现全流程的自动化。其不仅可以模拟人类，而且可以利用各项 AI 技术，实现一些之前必须人工处置的自动化操作目标。

财务机器人是 RPA 技术在财务领域的应用，能够在企业财务流程的特定环节代替人工操作和判断，在一些具有明确规则的重复性工作中可以充当企业的虚拟劳动力，提高业务处理的效率和质量，促进财务转型。

（1）财务机器人与人工智能的关系

首先，我们明确 RPA 其实并不是 AI。RPA 和 AI 都能在一定程度上替代原有的人工劳动，但是二者有很大的区别。RPA 只能依靠固定的脚本执行命令，并且进行重复、机械性的劳动；AI 结合机器学习和深度学习具有自主学习能力，通过计算机视觉、语音识别、自然语言处理等技术拥有认知能力，可以通过大数据不断矫正自己的行为，从而有预测、规划、调度以及流程场景重塑的能力。

财务机器人的处理速度是人类员工最快速度的 15 倍以上，它能够帮助财务人员完成大量重复规则化的事务，如开票、记账、盘点等，提高处理效率、节约人力成本。

财务机器人实质上是基于统一的规则并自动执行的程序，它不能自适应条件之后去改变规则，财务机器人对过去流程的替代效应，极限就在流程本身，并不能够对企业的流程做出改进和创新。

AI 有三个要素，分别是数据、算法和算力，符合 AI 标准的智能财务也需要由这三点出发。智能化财务的应用场景，需要将云计算、大数据、AI 等相关的技术充分运用到财务的场景中，同时根据输入和深度学习改进原有流程，对企业流程有重塑价值。因此，财务机器人很难称之为真正的AI。

例如，AI应用于报销流程时，类似于使用打车软件出行时员工不需要自行支付，只要智能审核后符合要求的公务出行，可以不需要报销而直接在财务流程中进行支付，这相当于实现了零报销、零垫付，对现有的财务流程产生了极大的改进。反观财务机器人，在报销环节，只能基于现有流程，帮助财务人员进行审核付款等重复性的工作。

总的来说，财务可以分为财务服务和财务决策两个方面，其中财务机器人减轻了人的工作负担，通过录入流程并自动执行，它只解决了财务服务的问题。但智能财务能够进一步改变企业运营流程，更是解决了财务决策问题，这必须由人工智能技术来解决。

（2）财务机器人的产生和发展

RPA在欧洲和美国已经存在了好几年，但是在大多数金融机构中，它只是一种最新引入的业务工具，处于试用或早期实施阶段。

RPA是一个软件开发工具包，它允许非工程师快速创建软件机器人来自动执行规则驱动的业务流程。RPA系统的核心是模仿与内部IT系统交互的人工干预。它是一种非侵入性应用程序，要求与现有IT设置的集成最少，通过取代人工来执行例行的任务以提高生产力。具有劳动密集型流程的企业能够通过RPA增强其功能并节省资金和时间。

（3）财务机器人的功能

目前已有不少企业在办公领域采用RPA以取代一些重复和烦琐的日常流程，RPA被应用于财务、采购、供应链、客户服务等众多职能领域和金融、保险、零售等行业领域。财务机器人则是RPA技术在财务领域的具体应用，其针对财务的业务内容和流程特点，以自动化替代手工操作，辅助财务人员完成交易量大、重复性高、易于标准化的基础业务，从而优化财务流程，提高业务处理效率和质量，减少财务合规风险，使资源分配在更多的增值业务上促进财务转型。具体来说，财务机器人具有以下四大功能：

①数据的搜集与记录

对于数据搜集与记录工作来说，财务机器人具有全面无遗漏、准确无错误、效率较高等优点，而财务中一些数据的整理工作又是高度流程化的，适合财务机器人来做。以企业资金管理流程中的银企对账环节为例，财务机器人能够从网银系统中搜集到银行流水、对账单等数据，再通过企业财务系统抓取账务数据，自动进行核对，并出具银行余额调节表，从而完成银企对账工作。对账财务机器人替代了原有的人工操作，能够提高对账准确率和执行效率。

②平台的上传与下载

上传与下载的核心在于后台对数据流的接收与输出，属于高度流程化的作业，财务机器人可以按照预先设计的路径，登录内部、外部数据平台，进行数据的上传和下载操作，完成数据和文件的自动接受与输出。

以企业税务管理流程中的开票环节为例，财务机器人可以进入财务系统和业务系统下载开票信息，辅助开票操作，之后再上传至税务系统进行报税，实现开票的自动化处理。

③数据的校验与分析

数据校验是财务流程中烦琐却重要的一项工作，财务机器人可以按照既定规则帮助核对财务数据，从多口径、多方面相互验证，对异常数据进行预警，降低错报概率。

财务机器人还能够进行程序性的财务指标分析，通过抓取原始数据，直接生成盈利能力、偿债能力等指标，通过对比进行初步的财务分析。

④信息的监控与输出

在财务处理的流程中，财务机器人可以辅助财务人员，例如员工报销处理进程、客户欠款逾期等，进行自动监控和信息发送。

（4）RPA 的优势及局限性

对比传统的财务运作方式，财务机器人的应用具有众多优势：第一，提升运营效率，一方面财务机器人对数据的处理速度大于手工操作，另一方面自动化程序不受情绪、体力和劳动时间的影响，可以 7 天 ×24 小时保持高效工作状态。第二，促进财务转型，减少人力资源耗费在重复性工作上的时间而转向高附加值工作，实现财务部门的价值增值。第三，财务机器人还具有操作稳定、成本低廉等优势，但在财务机器人为企业带来众多收益的同时，我们必须认识到财务机器人的局限性，如无法处理异常事件。在企业业务或流程发生变化时，需要专门对财务机器人的工作规则进行修改优化，对企业人员的素质和技能提出了更高的要求。

（5）财务机器人的应用

财务机器人的应用场景需要符合两大要点：大量重复（让 RPA 有必要）规则和明确（让 RPA 有可能）。在这种背景下，财务机器人可以广泛地应用于企业财务的各大流程中。

①费用报销流程

费用报销流程是财务共享服务中心实施最为普遍的流程，也是财务机器人使用最广泛的流程。

报销单据接收：财务机器人能够对多种渠道采集而来的各类发票和单据进行自动识别、分类汇总和分发传递，自动生成格式化报销单并发起审批申请，从而减少了企业员工进行报销操作的负担，解决了报销烦琐的难题。

报销智能审核：通过人工设定费用报销审核规则，将其内嵌至费用报销系统。财务机器人能够按照设定的逻辑执行审核操作，如对发票查重验真、对金额合理性进行分析、对费用必要性进行评判等。

自动付款：报销单通过审核后自动生成付款单，财务机器人依据付款计划自动执行付款操作，等待后续人工批准付款申请。

账务处理及记录：依据记账规则自动生成凭证和日记账记录。

②采购与付款流程

实现从供应商管理、供应商对账，到发票处理及付款整个过程的无缝衔接是采购到付款流程的重点，财务机器人也深度参与其中。

请款单审核：从收到供应商请款单开始，通过扫描请款单并识别相关信息，财务机器人将请款单信息录入 ERP 系统，对订购合同信息、发票信息、货物入库信息进行匹配校验，审核请款单的真实合理性。

采购付款及账务处理：财务机器人自动提取付款申请系统的付款信息（付款账号、户名等），并提交资金付款系统进行付款操作，并在付款成功后自动保存银行回单、记录现金日记账并进行相关账务处理。

供应商对账：在人工设定与供应商的对账周期之后，财务机器人自动定时向供应商发送对账提醒通知，并自动更新订单状态和发货状态查询。

③销售与收款流程

销售与收款流程描述的是企业与客户之间的交易，涉及存货、应收账款、货币资金等一系列科目和发货、开票、收款等环节。

订单审核与发货：企业收到客户订单之后，财务机器人可以根据订单审核规则，对客户进行赊销资质审核，降低坏账风险。通过审核之后机器人可以自动生成订单并上传至业务系统准备发货。

发票开具：财务机器人能够自动抓取订单信息和客户信息，进入财务系统开具发票，并同步数据。

收款进度跟踪：在客户收到商品后，财务机器人能够根据设定商业折扣期限等适时提醒客户付款，发送账单；或者在款项收回遭遇风险时进行预警，及时计提坏账；在收到客户付款时自动记录现金日记账，制作收款凭证，进行账务处理。

④存货管理流程

除了收入端，财务机器人还可以与生产部门协同，在存货管理和成本核算流程中发挥作用。例如，其能够从企业业务数据中自动抓取各车间成本数据。按固定的方法进行产品成本的精细化分配，有助于企业进行成本管理。在账务处理中，可以自动将存货成本直接导入，提供精确的成本分析数据，出具相关管理报告。

⑤报表制作流程

总账到报表流程中关账、分录处理、关联交易处理、对账、财务报表的出具等工作可借助财务机器人完成。

关账：在期末，财务机器人自动进行关账工作，如现金盘点、银行对账、销售收入确认、应收账款对账、关联方对账、应付款项对账、存货的确认和暂估入账等。如发现异常，发送预警报告；如对账无误，则自动进行账务处理。

出具单体报表：每期末，财务机器人自动完成财务数据汇总、科目合并抵销、系统数据导出及处理等工作，自动出具符合固定模板的单体报表。

出具合并报表：财务机器人从系统中导出并根据规则完成汇率数据的处理和计算，计算出期末余额并对结果进行检查；对子公司报送数据进行催收和汇总，根据抵销规则生成合并抵销分录；机器人根据生成的数据，直接形成当期合并报表。

⑥税务管理流程

税务管理是目前财务机器人运用较为成熟的领域，传统模式下，财务人员是企业与税务局之间的链接，需要进行大量低附加值且烦琐的流程性工作，而如今财务机器人可以代替人工完成包括纳税申报、涉税信息校验、增值税发票验真等环节的自动化操作。

纳税申报准备：期末财务机器人自动登录企业账务系统，按照税务主体批量导出财务数据、增值税认证数据等税务申报的业务数据基础。

涉税数据核对校验：财务机器人通过设定好的规则调整税务差异项，借助预置的校验公式进行报表的校验和核对。

纳税申报：根据特定逻辑，财务机器人能够由工作底稿自动生成申报表，并在税务局端系统自动填写纳税申报表。

涉税账务处理及提醒：财务机器人根据纳税、缴税信息完成系统内相关税务分录的编制，自动进行递延所得税资产或递延所得税负债的计算，完成系统内的入账操作。

增值税发票开具：基于现有待开票信息，财务机器人自动操作专用开票软件开具增值税普通发票和增值税专用发票。

发票验真：财务机器人可基于发票票面信息自动校验发票真伪，并且可将增值税发票提交到国家税务总局查验平台进行验证和认证，并反馈和记录结果。

除以上流程外，在固定资产管理、档案管理等重复性较高、业务量较大的流程上，财务机器人的运用也很常见。另外，借助于预先设置的模型，财务机器人还可实现对预算管理、绩效管理、管控与合规等较为依赖人为判断的流程提供决策参考。财务机器人减少了企业的人力投入，降低了风险，更能高效地支撑业务发展和经营决策。

财务机器人的运用，改变了原有的财务工作方式和财务人员的观念，推动了财务组织架构变革，同时对财务人员的素质和技能也提出了更高的要求。未来需要更多精通数据分析和预测、具备跨职能部门的知识、善于与业务部门构建合作关系的各类复合型人才。财务人员要能够精通会计、擅长管理、熟知信息技术、洞察业务，并且具备战略远见，从而能够更好地参与商业模式创新的规划与实施、为企业提供更有见地的数据分析、推动企业新业务的布局和数字技术的应用。

## 四、区块链

### （一）区块链概述

1. 区块链的概念

《经济学人》曾做过一个简单形象的比喻，区块链是“一台创造信任的机器”。区块链能够让人们在互不信任并且没有中立机构的情况下，也能做到互相协作。区块链技术，表面上解决的是技术问题，本质上解决的是信任问题，它能够在一个信任缺失的环境下建立并传递信任。这种信任，是基于代码、不可篡改、广而告之的信任。

区块链作为点对点网络技术、分布式账本、非对称加密算法、共识机制等技术的集成应用，被认为是继大型机、个人计算机、互联网之后计算模式颠覆性的创新，很有可能在全球范围内引起一场新的技术革新和产业变革。

狭义的区块链技术是一种按照时间顺序将数据区块以链条的方式组合成特定的数据结构，并以密码学方式保证的不可篡改和不可伪造的去中心化共享总账，能够安全存储简单的、有先后关系的、能在系统内验证的数据。广义上讲，区块链技术是利用块链式数据结构来验证与存储数据，利用分布式节点共识算法来生成和更新数据，利用密码学的方式保证数据传输和访问安全，利用由自动化脚本代码组成的智能合约来编程和操作数据的一种全新的分布式基础架构与计算范式。

从本质上来讲，区块链就是一种基于密码学技术生成的去中心化的分布式账本数据库。去中心化，即与传统的中心化模式不同，没有中心或者说人人都是中心；分布式账本数据库，意味着记载方式不只是将账本数据存储在每个节点，而是每个节点都会同步复制整个账本的数据，信息透明，难以篡改。

2. 区块链的原理

首先，让我们了解一下区块链原理几个主要的技术来源。

（1）点对点网络技术

“点对点”网络技术，又名“端对端”网络技术、“P2P”网络技术，是建构在互联网上的一种连接网络，也是区块链系统用于连接各对等节点的组网技术，学术界将其翻译为对等网络。

点对点网络技术作为区块链技术架构的核心之一，各个节点上的计算机地位平等，通过特定的软件协议共享计算资源、软件乃至信息和内容，拥有相同的网络权利，并不存在中心化的服务器，这是点对点网络有别于传统中心化网络的地方。区块链技术出现之前，点对点网络技术就已经被广泛地应用于各种软件开发，如即时通信软件、文件下载和共享软件、计算资源共享软件、网络视频播放软件等。

（2）分布式账本

分布式账本是相对于传统的中心化账本而言的，指的是加入区块链系统的所有节点，共同参与维护一本交易总账，交易过程中任何数据的修改与写入都要向全网广播，并且经过多个节点的一致确认后才能生效。紧接着，所有节点按照时间顺序同步更新账本，这也就意味着账本里的任何改动都会在所有节点中反映出来。与中心化账本相比，分布式账本的优势在于，不会因单点故障而影响全局，也不会因道德风险而导致假账的出现，账目数据真实安全、公开透明、不可篡改。

（3）非对称加密算法

非对称加密有两个密钥：公钥和私钥。公钥可在公开渠道发布，用于信息发送方加密所要发送的信息；私钥用于信息接收方解密收到的加密内容。公钥可通过非安全管道来发送或在目录中发布，其他人无法通过公钥识别身份。也就是说，交易者的账户信息，只有在数据拥有者授权的情况下可见，保证了个人隐私。私钥只有信息拥有者知道，经公钥加密的信息只有对应私钥才能解密，保证了信息传输的安全性。每个节点 / 用户可以独立生成任意多个公私钥对，还可以在每次交易后使用新的公私钥对，从而保证匿名性和隐私性。在区块链系统内，“非对称密钥对”通过两项工作构建了价值传输的信任机制，即“证明我是谁”“证明我有权利做即将要做的事情”。区块链正是通过非对称加密的公私钥对来构建节点之间的信任的。

（4）共识机制

共识机制是区块链系统中所有节点必须遵守的一套规则，这套规则决定了一笔交易怎样才能被确认有效。共识机制可保证区块链的唯一性，避免产生分叉链，同时也能抵抗恶意攻击，防止数据被篡改。目前，主流的共识机制有工作量证明机制（PoW）、权益证明机制（PoS）、股份授权证明机制（DPoS）、Pool 验证池、实用拜占庭（PBFT）等，它们具有不同的优缺点，适用于不同的业务场景。

包括以上 4 个核心技术在内的多种技术的集成应用，使区块链应运而生。区块链由一个点对点网络分布式管理，所有节点之间的通信都可看成一笔交易，这些交易经发起者的私钥签名得以加密，随后广播给整个网络。每个节点通过公开获得的公钥验证数字签名来确认一笔交易的有效性。这种方式使得区块链能够在没有第三方机构进行信用背书的情况下，创设一种信任环境，从而达成共同协议。

3. 区块链的特征

（1）去中心和去信任化

区块链采用分布式计算处理和存储，并不存在中心化的计算机，任意节点的权利和义务都是相同的。任何节点中断工作都不会影响区块链系统整体的运作。同时，区块链运用共识机制以及密码学理来建立可信的网络交易，通过技术背书而不是中心化信用机构的背书来立信用，从根本上改变了传统中心化的信用创造方式。

（2）高度透明

区块链系统是公开透明的，除了交易者的私有信息会被加密外，其余数据对所有人公开可见，任何人都可以通过公开的接口查询区块链系统中的数据或是开发相关应用。

（3）防篡改和可溯源

区块链的链条一旦信息经过全网验证并添加后，就会永久存储起来。除非同时控制了系统中 51% 以上的节点，否则单个节点无法对数据库进行修改，这种机制提高了区块链系统的可靠性。同时，由于每个区块都包含着链条上的全部历史信息，区块链上记载的信息都是可追溯的。

（4）高安全性和可匿名

区块链上的所有操作都是通过密钥和数字签名来保护的，交易过程可追溯，安全性得到了保证；同时，由于区块链的数据交互遵循固定的算法，不需要通过公开身份，甚至寻找第三方背书的方式，增强对方的信任，因此交易双方可以匿名。

### （二）区块链对财务的影响

财务信息一直具有明显的中心化色彩，企业内部账务的真实性需要专业的审计机构来判断，而由于信息不对称的存在，即便是审计机构，也无法获得企业的全部信息，有时也会产生重大错报，发表错误的审计意见。

区块链技术由于其分布式记账、去中心化、不可篡改、公开透明等显著特点，在减少信任危机的同时还能降低代理成本，业务与财务的融合将更加紧密，在财务领域赢得越来越多的关注。区块链思维和技术对于财务工作而言，将是颠覆性和革命性的。

企业的基本活动主要分为投资、筹资和经营活动三个方面。而财务管理，主要涉及投资、筹资以及营运资本管理三大业务。区块链技术及其思维，对于企业日常财务管理的模式可能会产生以下影响：

第一，区块链与投资：推动投资决策更加理性。现代企业的典型特征之一就是所有权与经营权的分离。这种模式能够让专业的职业经理人走上管理层，负责企业的日常运营、设定长远的发展目标。然而，由于两者的利益并不完全一致，而且管理层比股东掌握更多的经营数据，有可能产生委托代理问题。具体来说，管理层可能出于最大化自身利益的目的，做出损害企业整体利益的经营决策。

区块链技术的引入有助于强化股东对管理层的监督，降低信任风险。管理层的每项决策都可以按时间记录在系统上，并且不可追溯修改。股东可以实时、透明地看到管理层的决策，这就迫使管理层放弃某些不理性的投资行为，转而客观、理性地评估每项投资对股东利益的影响。如此一来，管理层也会令自身利益的目标函数与企业整体目标保持一致。因此，区块链技术可以促进管理层做出更加理性的投资决策，降低企业投资过度、投资不足等不理性问题。

此外，区块链技术有利于提高市场的有效性，使信息的广度与深度都得到加强。管理层做出投资决策时，获得的信息不再局限于交易标的本身，也不再局限于当下所呈现的可能经过修饰的数据。管理层可以通过区块链技术，追溯到交易链条的多个节点，获取更加真实、充分的信息，降低投资决策的不确定性。

第二，区块链与筹资：提高融资额度、降低融资成本。就像血液对于人体来说必不可少一样，合理的资金配置也是企业持续经营不可或缺的一部分。传统的融资模式往往需要中介机构的参与，作为桥梁对接资金需求方与供应方。由于涉及多方，因此融资环节多而杂，工作效率低下。特别是中小企业，因为财务制度不健全、抗风险能力差、知名度低、规模小，很难顺利筹集到发展所需资金。区块链技术的引入有望突破企业融资过程中的障碍，帮助企业顺利筹集资金，渡过难关或是迎来发展。

区块链技术有利于提升企业的融资额度。企业融资困难的根本问题，是缺乏信用抵押机制。区块链技术表面上解决的是技术性问题，本质上解决的是信任问题。通过非对称加密、跨链等技术，区块链可以让人们在互不信任的情况下，做到互相协作。在企业授权的情况下，金融机构间可以共享征信数据，降低贷款风险。而企业自身也可以将数据上链，让生产、物流、销售等环节的数据在授权范围内更加透明，同时由区块链技术来保证交易数据和过程的完整性、真实性、不可篡改性。如此一来，原先的固定资产信贷模式就有可能改为流动资产信贷，对企业的征信评估将更加全面真实，让金融机构或出资方更为准确地评估企业的偿债能力，降低信息不对称的同时提高优质企业的融资额度。

区块链技术也有利于降低企业的融资成本。企业融资成本取决于投资者所要求的回报率，回报率与企业风险正相关。企业的风险可以分为两部分，一是非系统性风险，二是系统性风险。非系统性风险是企业自身经营所产生的，系统性风险则是市场整体的、影响所有企业的风险。如果企业的风险降低，那么在这种传导机制下，融资成本也将有效降低。区块链技术通过提高市场的有效性，降低企业的信息不对称程度，可以有效地降低企业自身的风险及市场的整体风险，有效降低企业的融资成本。

第三，区块链与营运资本管理：优化资金配置。区块链技术在营运资本管理过程中同样有着广泛的应用前景。集团企业可以利用区块链技术构建内部资金管理和共享的平台。各下属企业将资金预算、用款计划、交易数据统一上传到这个平台，集团财务实时查询、关注下属企业的资金流入与流出，高效调配资金。

不仅大型集团企业，所有企业都有望借助区块链技术提升对营运资本的管理。具体来说，一方面，企业财务部门可以借助区块链技术对资金的流量、存量、增量以及背后的交易信息进行实时的了解，还可以与大数据等技术结合，综合运用各个渠道的信息进行数据挖掘，提高决策的合理性、准确性；另一方面，企业财务部门可以方便地通过区块链技术对企业的资金变动进行审核。因为诸如采购、入库、出库、生产、销售、付款等所有业务流程上的数据都可以做到实时更新。而且与每一笔资金有关的业务全流程都可以按时间顺序汇总，具有可追溯性。

## 五、“大智移云物链”

信息数字技术的迅速发展，产生了对财务领域的渗透革命，除了云计算、大数据、AI和区块链这4个主要的数字工具之外，其实在财务领域已经迎来了“大智移云物链”以及5G技术全方位的信息化、数字化时代，移动互联网、物联网、5G技术使财务转型迫在眉睫，这些技术的融合发展也为未来数字财务智能生态的创建提供了基础性技术平台的支持。

### （一）移动互联网

移动互联网将移动通信和互联网这两个发展最快、最活跃的领域连接在一起，开辟了信息通信业发展的新时代。移动互联网改变的不仅仅是接入手段，它不是对桌面互联网的简单复制，而是一种全新的模式。移动互联网作为移动通信和互联网两者融合的产物，继承了移动通信随时、随地、随身和互联网开放、分享、互动的优势，是一个全国性的、以宽带IP为技术核心的，可同时提供语音、传真、数据、图像、多媒体等高品质电信服务的新一代开放的电信基础网络。它的发展离不开运营商提供的无线接入，互联网企业提供的各种成熟应用。可以说，移动互联网是数字财务做到“人人财务”最终端运用的基础。

1. 移动互联网的概念

移动互联网通过无线接入设备访问互联网，能实现移动终端之间的数据交换。它是计算机领域继大型机、小型机、个人计算机、桌面互联网之后的第五个技术发展阶段，是未来网络发展的核心和最重要的趋势之一。

根据工信部电信研究院《移动互联网白皮书》的定义，移动互联网是以移动网络作为接入网络的互联网及服务，包括三个要素：移动终端、移动网络和应用服务。其中，“移动终端”包括手机、专用移动互联网终端和数据卡方式的便携式计算机；“移动网络”包括2G、3G、4G、5G等；“应用服务”包括WEB、WAP等方式。这三大要素，构成了“移动终端是前提、移动网络是基础、应用服务是核心”的体系。

本书认为，移动互联网是指以各种类型的移动终端作为接入设备，使用移动网络作为接入网络，实现移动通信、互联网及其各种融合创新服务的新型业务模式。移动互联网是桌面互联网的补充和延伸，移动用户从自身实际需求出发，能够通过以手机、移动互联网设备（MID）为主的无线终端随时随地通过无线方式接入互联网。

2. 移动互联网的特征

移动互联网是在传统互联网的基础上发展起来的，因此二者具有很多共性，但由于移动通信技术和移动终端发展不同，它又具备许多传统互联网没有的新特性。移动互联网既继承了桌面互联网开放协作的特征，又继承了移动网的实时性、隐私性、便捷性、准确性和可定位等特点。

（1）开放性和协作性

开放性是移动互联网服务的基本标准，不仅网络应用和开发接口开放，而且内容和服务也是开放的，移动互联网能够为用户提供无穷无尽的创新性业务。同时，在开放的网络环境中，用户可以通过多种方式与他人共享各类资源，可以实现互动参与、协同工作。

（2）便捷性和便携性

移动互联网的基础网络是一张全方位覆盖的立体网络，各移动终端都可以方便地接入。除了智能手机、平板电脑以外，智能眼镜、手表、服饰等各类随身物品也可以成为移动终端。它们不仅是人体穿戴的一部分，也是人们出行的一部分，用户能够随时随地获取娱乐、生活、商务相关的信息，进行支付、定位等操作，让丰富的移动应用进入日常生活的方方面面。

（3）感触性和定向性

这一点不仅体现在移动终端屏幕的感触层面，更体现在拍照、摄影、二维码扫描，以及重力感应、磁场感应、移动感应、温湿度感应等无奇不有的感触功能上。此外，基于位置的服务（LBS）不仅能够查找移动终端所在的位置，甚至可以根据移动终端移动的趋向性，确定下一步可能去往的方向。这为警方查找嫌疑人及失踪人员提供了极大的便利。

（4）交互性与娱乐性

用户在移动互联网时代具有更大的自主性和选择权。用户由被动的信息接受者转变为主动的内容创造者，移动终端的智能性进一步增强，使得用户之间通信和内容的体验更具有交互性。此外，移动互联网上的丰富应用，如影音、手游、阅读软件，都为用户的生活增添了趣味性与娱乐性。

### （二）物联网

互联网使人们、企业和经济体之间的通信成为可能。这些连接通常是通过连接到服务器和数据中心的台式计算机进行的。网络连接通常是通过将设备限制在固定位置的连接插座进行的。但这些正在改变，人们已经可以通过任何允许收集和交换数据的设备进行连接。因此，互联网的力量和无线技术的进步带来了物联网的时代。

1. 物联网的概念

物联网（Internet of Things，IoT），主要是通过传感器、通信模块等感知设备将物体进行联网。1999 年麻省理工学院的 Kevin Ashton（凯文·阿什顿）教授在研究射频识别（RFID）时，第一次提出了物联网的概念，他认为物联网就是将所有物品通过射频识别等信息传感设备与互联网连接起来，实现智能化识别和管理的网络。2005 年国际电信联盟（ITU）发布了《ITU 互联网报告 2005：物联网》，报告重新定义了物联网的意义和范畴，认为物联网通过射频识别装置、红外感应器、全球定位系统、激光扫描器等装置与互联网结合成一个全新的、庞大的网络，把现有的互联网、通信网、广电网以及各种接入网和专用网络连接起来，实现智能化的识别和管理。

2. 物联网的特征

（1）全面感知

利用 RFID、传感器、定位器和二维码等手段随时随地对物体进行信息采集和获取。感知包括传感器的信息采集、协同处理、智能组网、信息服务，以达到控制、指挥的目的。

（2）可靠传递

通过各种电信网络和因特网融合，对接收到的感知信息进行实时远程传送，实现信息的交互和共享，并进行各种有效的处理。在这一过程中，通常需要用到现有的电信运行网络，包括无线和有线网络。由于传感器网络是一个局部的无线网，因而无线移动通信网是承载物联网的一个有力的支撑。

（3）智能处理

利用云计算、模糊识别等各种智能计算技术，对随时接收到的跨地域、跨行业、跨部门的海量数据和信息进行分析处理，提升对物世界、经济社会中各种活动和变化的洞察力，实现智能化的决策和控制。

### （三）“大智移云物链”下的财务管理

在当前的数字经济领域中，各项技术都不是独立存在的，而是相互依存、相互作用，共同推动传统财务向数字财务转型。

“大智移云物链”是大数据、AI、移动互联网、云计算、物联网技术的统称。其中，云计算是最为底层的技术架构，它为大数据、物联网、移动互联网提供存储与计算服务。相比于传统 IT 架构而言，云计算具有成本低、配置灵活、资源共享的优势，用户可以按需购买，理论上能拥有无限的容量。互联网和物联网可以将人与人、人与物、物与物的信息进行互联，在这个过程中，互联的主体产生大量的数据。单个计算机和存储设备，难以对海的数据进行存储和计算处理，即使可以，其成本也会随着数据量的激增而快速上升。因此，这些数据需要一个强大的空间进行集中存储和处理，这就是云计算擅长的地方。互联网和物联网所“连接”的一切，其核心都是云计算。计算为“互联网 +”商业模式、业务流程、资源分发提供强大的存储和处理力。当大量的数据通过物联网、移动互联网上传到云端后，就需要运用大数据技术进行分析和挖掘。云计算可存储、访问和计算数据资产，而大数据基于云计算对海量的数据进行分析与挖掘，它是从提高生产效率向更高级智能阶段的自然进化。无处不在的信息感知和采集终端为我们采集海量数据，云计算为我们提供强大的计算能力，大数据帮助我们对这些数据进行分析和挖掘，这些数字技术为我们了解与构建数字世界奠定了基础。

人工智能则是在大数据之上更进一步。大数据技术需通过数据分析师借助复杂的软件工具对海量的数据进行分析和挖掘，才能发现一些隐藏的规律现象、原理。而人工智能技术则弱化了“人”的分析决策，能够通过“自我学习”实现机器自身对数据的调用和分析。这种学习能力达到一定水平后，又能更好地推动和控制物联网等技术的应用。

“大智移云物链”等数字技术，在生产和社会生活领域的广泛应用和深度融合、对竞争环境，企业模式及企业管理方式产生了革命性的影响，推动企业数字化转型的进程。

财务管理作为企业转型的重要支撑手段，是组织转型和业务转型下实现资源优化配置的有效工具。传统的财务工作采用分散式的、封闭的、手工操作的模式、复杂的交易行为不断被压缩在会计科目里，每一次压缩，都是信息价值的预失，直至将信息压缩为最小数据集。在这一信息处理流程中，财务部门丢弃了反映企业业务经营状况的过程数据，仅仅记录了经营的结果。

1. 数字财务是企业财务转型的趋势

“大智移云物链”时代背景下的财务转型，要从“最小数据集”向“大数据”转变，通过与利益相关者的在线互联，运用信息技术高效地采集、加工、报告数据，建立企业的数字神经网络，帮助企业用数据来管理、用数据来决策、用数据来创新，帮助企业在多变的商业环境中保持竞争优势。2014 年 10 月 27 日《财政部关于全面推进管理会计体系建设的指导意见》指出，管理会计是通过利用相关信息，有机融合财务与业务活动，在单位规划、决策、控制和评价等方面发挥重要作用的管理活动。借助“大智移云物链”技术，财务部门能够帮助企业进行更加有效的预算管控、资产配置和经营布局，为决策层提供更加有力的决策支撑，更好地发挥财务的管理职能，促进企业的良好稳定运营。

企业面临着控制成本、提高生产率的压力，也面临着减少甚至消除非增值作业的压力。随着数字技术的飞速发展，企业还需提高为其内部和外部提供信息的各个系统的质量、可靠性和反应能力。这就要求财务人员与管理团队的其他人员一起，借助大数据平台，综合运用智能化、云计算等信息技术，既有效果又有效率地获取、维护和运用资源，以维持财务职能在经营平衡中的重要作用。

在许多企业的财务部门中，交易处理占财务所执行的全部作业的大部分；在财务职能中，有非常少的可用时间和资源投入到思考未来和支持面向未来的分析中。因此，“大智移云物链”技术驱动下的财务职能将更多地向分析、建议和预测转变，并呈现出如下四种趋势：

（1）提供数据驱动的决策支持

随着大数据时代的到来，海量数据成为传统生产要素的有效补充以及企业的宝贵资产。传统的财务是“精确的不准确”，财务报表能精确到小数点后两位数字，但却不能准确地反映企业真实的经营状况。大数据时代，财务部门应提升数据挖掘能力，从数据中发现规律、发掘数据价值；同时重视非财务数据信息，充分运用企业内部和外部的各类信息，厘清生产要素之间及其折射在业务、管理、会计中的信息关系，从而提供决策支持。决策支持的核心内容包括：第一，为企业战略提供财务评价；第二，为管理层及经营者提供经营预测的模型和工具；第三，为管理层提供动态的预测信息和实时的经营信息。

（2）提供业务支持

企业的三大循环包括信息循环、业务循环和管理循环，财务是信息循环的重要组成部分。信息技术使财务部门能更高效地采集信息、加工信息和报告信息，促使财务更好地与业务循环、管理循环相融合，面向业务经营过程，提供财务支持。财务可在三个方面提供深入价值链的业务支持：第一，和业务循环相融合，控制和反馈业务循环是否遵循管理循环提出的规则和要求；第二，采集和存储有关业务循环的详细数据；第三，为管理循环提供及时的、与决策相关的报告。

（3）提升效率和生产率

财务效率的提升表现在：第一，财务工具的变革促进了财务人员的解放，自动化和智能化的应用不断突破人力资源的局限，具有极高的扩展性，在提高处理速度的同时还能保证质量。第二，财务人员得以从繁杂的财务基础核算中解放出来，能致力于更有价值和更具创造性的工作，赋能员工。财务对生产率的提升，是通过财务管理职能间接体现的。财务管理水平的提升促使企业管理水平提升，帮助企业进行更有效的资源配置，可以释放出管理价值。同时，借助强大的数据分析，获取未来商机，洞察前沿。

（4）进行更有效的风险控制

财务信息化的过程，即是不断规范数据收集、加工、存储、管理、分析、分享的过程。财务信息化水平的提升，也代表着企业数字能力的提升。财务信息系统和企业业务系统的有机集成，不仅能够完整记录企业价值链中每一环节的数据，还有效地降低了数字造假风险。财务部门数据能力的提升，对财务风险甚至是非财务风险形成一定的预判能力，财务部门从“幕后”不断走向“台前”，由提供事后的财务数据，向事前的预算管控和事中的规范管理转变，借助健全的防范机制和内控机制，促使企业风险应对能力获得极大的提升。

2. 数字财务是企业数字化生态建设的核心

“大智移云物链”时代的到来，互联网思维和“互联网 +”对人们的思维和行动方式的改变，对社会商业模式和企业管理方式都产生了极大的影响。如何提升财务管理水平、实现财务转型，既是企业转型的关键环节，也是企业核心竞争力之所在。财务转型是财务战略、职能定位、组织结构、人力资源操作流程和信息技术等的全方位转变，是动态持续的优化过程。财务共享服务以信息技术为支撑，通过标准化的流程实现企业基础财务业务的统一处理与流程再造。财务共享服务为财务机器人的应用提供了优良的场景，从而实现了业务流程节点的优化改造。财务上云的过程也是财务工业化的过程，“智移云物链”技术的发展，将不断地推动财务工作向着自动化、数字化、智能化的方向转型。数字财务必然成为企业数字化发展的核心。

# 第三章 数字化时代财务管理创新的挑战与变革

本章内容为数字化时代财务管理创新的挑战与变革，从三个方面展开叙述，分别是数字化时代财务管理创新的积极影响、数字化时代财务管理创新的风险挑战以及数字化时代财务管理创新的变革路径。

## 第一节 数字化时代财务管理创新的积极影响

### 一、有效提升了财务信息的准确度

随着科技的发展，企业财务报告的编制已经不再局限于传统的确认、计量和记录方式，而是利用先进的技术手段，充分发挥财务数据和相关业务数据的价值来提升企业管理水平。虽然由于技术条件的限制，一些企业无法及时、全面地收集、处理、分析和评估财务数据，从而导致财务信息不准确、不完整、不可靠，进而影响企业的发展。随着企业财务报表的生成，许多财务管理工作中的数据已经失去了其原有的功能和价值，而陷入了一种无声的休眠状态。随着数字化时代的到来，技术的飞速发展为企业带来了巨大的便利，不仅可以快速、有效地收集和整合大量的信息，还可以深入分析出具有重要意义的信息，为企业的发展提供宝贵的资源，从而极大地提高企业财务管理的精度，实现科学、统一、规范的运营。

### 二、全面促进财务人员的角色转化

随着数字化时代的发展，企业的财务人员已经从传统的简单职能转变为更加复杂的职能，他们不仅要完成记账、报表分析，而且要掌握更深入的财务管理技能。传统的财务管理方法依赖于对报表数据的分析，这些信息可能会被用来帮助企业的领导层、经营者和决策者做出决策。随着市场经济的激烈竞争，仅仅依靠财务报表来进行的数据分析已无法满足消费者对更多有价值的信息的需求。数字化的普及，使企业的财务人员可以利用多种视角和技术手段，深入挖掘出企业发展的潜力，克服 Excel 数据分析的局限性，更加准确地把握企业的运营情况，及时地反映出其存在的问题和不足，为完善企业管理和决策提供有力的支持。

## 三、提高账务处理效率，实现财务信息化

随着科技的发展，传统的财务管理方式已经不再适用，从采集、整编、手工录入到核对，这些流程变得简单快捷，使企业的财务信息更加及时准确，降低了财务工作的成本。“财务云”的理论基础是大数据，它能够帮助我们更好地应对各种挑战。“财务云”通过整合云计算、移动互联网和其他计算机技术，使企业能够更好地利用这些新兴的技术更快地完成财务共享、财务管理和资金管理的任务，极大地提升了企业的财务数据处理的效率和精度，并且可以把原本的财务数据转化为更有价值的信息，为企业的决策提供更多的依据。

## 四、有助于实现成本控制与全面预算管理

尽管手工核算存在一定的局限性，但“大数据”的高效计算速度使得它能够更加准确地反映实际情况，从而大大提高了成本核算的准确度。移动加权平均法和代数分配法等更加贴近实际情况的核算方法也得到了广泛的应用。企业财务管理可以利用云计算平台收集、分析和处理各类财务信息，构建完善的成本控制框架，以有效地控制原材料采购、运输、存储、生产和销售的成本，帮助企业有效地实现成本优化，提升企业的经济效益。采用 DBMS（OLTP）、HDFS 等先进技术，可以对物料、库存、货位和货区进行实时监测，大大减少了库存资金占用，并且能够防止出现停工待料的状况，最终实现对成本的有效控制。

准确的成本数据可以为公司的财务管理提供强大的指导。通过合理的预算管理和精确的成本信息，可以有效地控制成本，并将其转化为有效的报告。随着数

字化的普及，成本控制和预算管理已经不再是彼此的限制，而是彼此协作，以便让企业能够更加有效地利用资源，实现持续的增长和发展。

### 五、有效规避企业财务风险

随着“预测”的广泛应用，各行各业的决策者可以运用大智移云更加精准地预测比赛的结果、经济的走向、物价的波动，甚至是个人的健康情况。目前，企业在财务管理方面所面临的挑战日益增多，其中包括流动性、融资、投资和信贷等多种风险，这些风险很难被有效地预测和控制，可能会给企业带来巨大的经济损失。因此，企业应该加强对各种风险的预测，以便更好地实施有效的财务管理。随着大智移云技术的发展，企业可以利用数字化处理技术，从工商、税务、银行和交易所等多个机构获取有关信息，以确定其公允价值，有效降低投资风险，尤其是在投资交易性金融资产和可供出售金融资产方面更加显著。随着数字技术的发展，信息处理系统能够实时追踪企业的财务情况，包括资产负债率、应收账款周转率、资产收益率等指标。这些数据可以帮助企业做出更明智的投融资和信用销售决策，并有效地预测、控制和评估风险。

## 第二节　数字化时代财务管理创新的风险挑战

### 一、公司价值内涵与驱动因素面临变化

通过有效的财务管理，公司可以实现其价值的最大化。然而，许多财务学家把“公司价值”与“公司股价”混淆，认为股票的市值（股价）就是企业价值的最佳体现。“市价”成为财务决策与评价理论的重要参考，甚至可以说是唯一的标准。按照当前的财务理论，企业的内在价值主要取决于其利润、现金流和净资产等因素。因此，许多人都使用市盈率、市净率、市销率或现金流折现法来评估企业的价值。这些方法重点关注了企业未来的盈利能力、自由现金流以及股息收益。

目前，全球资本市场的股票价格与传统的财务理论的预期有了显著的偏差。随着科技的进步，投资者对公司的价值评估已经超越了单纯的收益、现金流、分

红和营业收入，更加重视它们的商业模式、核心竞争优势和长远发展潜力。这些因素的综合作用，将直接影响到股东的财务投入和企业的财务实力。企业发展的成功因素可以归功于其较高的点击量、庞大的受众群体、完善的信息渠道和精准的数据分析。通过大数据分析和应用，可以获得惊人的收益，这种收益将成为企业发展的强大动力，从而推动其发展壮大。拥有大量、可靠的数据，并且具备良好的收集和利用这些信息的技巧，是企业获得竞争优势的关键因素。

当今，企业的成功不再仅仅取决于财务指标，而是更多地依赖于其在市场中获取客户的能力，以及其他因素。然而，传统的财务理论往往忽略了企业的盈利模式，甚至在“商业模式”的概念被提及时，也只是表面上进行理论解释，并没有进行相关实践运用，这显然是财务理论上的缺陷。虽然金融市场对于企业的价值评估起着重要作用，但更重要的是，企业应该以获取更多的客户和创新的商业模式为核心，最大限度地提升其价值。

现金流折现法是一种有效的估值方法，它可以用来估值固定收益证券，如债券、优先股和股利，但这种方法不适用于具有明显增长潜力和大量无形资产的公司，也不适用于高科技企业和新兴经济企业。

近两年来，资本市场的股价表现显示，创新和“触网（互联网）”的实施已成为数字化时代企业商业模式的必备条件。通过“触网”，企业可以更好地运用数字化技术，深入挖掘客户的个性化需求，并且可以根据用户的喜好和偏好，提供更加个性化的产品或服务，从而提升用户的满意度。通过引进先进的技术、完善的体制、精心打造的品牌、持续改进的服务、优化的流程可以有效地推动企业的发展，从而改变依赖于财务资本的投入的现状。

## 二、财务决策信息不断去边界化

中石油开发的“大司库”系统和万达集团使用的“财务游戏要领”系统不仅仅局限于财务资金管理，而是把多种管理要素结合起来，包括预算体系、业务经营、项目管理，以及其他相关的信息，通过数字化的方式，使这些要素得以整合，进而提升财务管理的效率。在财务决策与分析中，除了财务会计信息，还包括行业发展趋势、资本市场及货币市场动态、客户及供应商关系、企业内部战略规划、业务运营、成本控制、技术创新、人力资源管理以及业务单元等多方面的信息。

数字化时代，企业可以以极低的成本、极高的效率、极具针对性的方式获取有价值的决策信息，这使“信息孤岛”的传统模式受到彻底的冲击，从而使财务与业务信息的整合成为可能。

在数字化背景下，若企业之间缺乏有效的信息交流和整合，将严重阻碍其实现大数据的有效利用和开发。使用大数据的第一步就是将其集成到一起。为了更好地推动企业的发展，需要将财务和业务紧密结合起来，突破传统的财务信息壁垒。

## 三、投资决策标准亟须变革

根据现代财务理论的观点，一个有效的投资决策的关键在于它能够提高资本回报率和股东的利润，而货币的时间价值也不容忽视。随着经济发展的加快，越来越多的财务学研究者开始重视和应用更加成熟的投资项目评估方法，如净现值、内部收益率等，这些方法的基本原则是将未来的现金流量进行折算。随着大智移云的发展，传统的财务评估方法的局限性越来越明显。它们无法精确地反映出未来的预期收入，从而给投资者带来了极大的风险，甚至会影响到最终的投资决策；由于当前的评估方法无法满足重资产经营模式中现金流量较小、未来可能性不大的情况，因此，传统的重资产经营模式仍然受到了一定程度的限制。

在进行财务决策时，如果没有进行全面的企业战略和深度的盈利模型分析，那么这个问题就会变得非常明显。阿里巴巴在进行收购时，明确了其战略目标，并且坚持了严谨的纪律，以确保其投资行为符合三项基本原则。第一步是拓展用户群体，以满足不断增长的市场需求；第二个目标是通过与海尔等知名企业的深度合作，以及与物流行业的全面协作，为消费者提供更加便捷、安全、舒适的白色家电购物体验；阿里巴巴正在努力扩大其产品和服务的多样性，以满足其持续增长的需求，并赢得更多消费者的信任与支持。阿里巴巴始终努力不懈地推动客户体验，以满足他们对高品质的需求。

从这个角度来看，不能仅仅依靠未来的盈利能力或现金流水平来评估投资项目的可行性，因为这样做无法深入探究影响投资项目成功与否和有效性的关键因素。在当今的大数据和互联网时代，进行这种挖掘显得格外困难。随着大智移云技术的发展，企业可以从海量、多样、精确的信息中获取有价值的资讯，包括客户、供应商的身份、交易记录、外部环境变化、行业发展趋势等，这些信息将为企业的投资决策提供有力的支持。通过对比分析，可以更好地了解各个因素，从而更有针对性地做出投资决策。沃尔玛啤酒与婴儿纸尿布的紧密结合，提供了一个全新的商业模式，可以帮助我们洞察市场动态，并且可以为投资者带来更多的收益。

使用大数据技术可以克服投资项目评估方法的两个缺陷。通过利用大数据，可以获得更广泛的信息，包括但不限于规模、类型、速度以及真实性，从而有助于更精准地评估拥有更丰厚收益的投资项目。在现金流紧张的情况下，运用大数据技术不仅能够更好地分析公司的财务状况，而且能够更加准确地预测公司的发展趋势，包括公司拥有的客户群、产业链、市场份额和行业地位等。通过大数据技术可以实时、准确、全面地收集和评估投资项目的新数据，并将其与投资前的预期进行比较，从而更好地反映出投资结果的变化。此外，大数据技术还可以帮助投资者更好地了解投资决策的过程，从而更有效地实现投资目标。通过动态反馈，企业不仅可以实时监控投资项目的进展，还可以积累宝贵的评估经验，从而提升未来投资项目的成功率。

## 四、公司治理模式需要创新

随着时代的发展，传统的企业面临着更加复杂的挑战，它们需要更加灵活的经营方式和更加开放的环境，以便更好地应对日新月异的市场变化。

“触网”的企业大多数已经开始采用“合伙人制度”的新型雇佣模式，以满足日益增长的市场需求。随着互联网技术的发展，团队的作用已经不再仅仅是决定企业成败的关键因素，而是更多地依赖于合伙人的共同努力，以及企业所处的商业环境和行业背景。

一些学者认为，企业管理的四种主要方式是：内部控制机制、外部控制机制、法律与政治以及产品市场竞争。通过完善的内部治理机制、严格的外部监督机制，加上企业高层对“对经营者与员工的监督”的认可，使公司的财务状况和金融市场能够稳定、高效地运行。尽管如此，许多公司仍未意识到创新、产品竞争、公司文化的重要性，也未能充分认识到信任与激励的价值。

随着互联网和大数据技术的发展，知识和创新已成为企业发展的重要动力。“人力资本”和“信息”已被视为企业可持续发展的关键因素，并且具有重要的战略意义。当公司的员工大量参与决策时，这将对公司的决策架构和文化产生重大影响。随着外部环境的变化和知识的分散，分散式决策已成为大数据时代最常见的决策模式。企业应该努力消除内部管理的层次，推动跨越层面的沟通，营造一种充满活力的、自主学习、勇于探索的文化氛围，重视内部信息的传递、知识的积累以及技术的提升，而不是仅仅关注管理结构或者决策机制。随着技术的进步，企业越来越重视大数据的价值，因此，财务决策机制必须从以业务为导向的模式转变为以数据为导向的模式。通过对一线大数据的分析，企业员工建立了基于数据的学习型组织和制度。

## 五、企业财务风险管理理论面临重构

确定和预测可能存在的风险是企业财务管理的关键。在财务理论中，风险的核心概念应该包括：第一，“风险”是财务理论的核心概念，它的基础是“风险性和不确定性”，是一种数学分析方法。尽管“风险性”和“不确定性”的区别可能会被认为是显而易见的，但“主观概率的”出现使得“风险性”和“不确定性”的概念变得更加接近，甚至可以说是完全一致的。第二，财务学研究重点放在“降低”企业流动性风险（偿付能力）上。第三，通过运用财务理论，可以有效地实施风险管控，其中包括定期调整资本结构，并将其与证券投资的理念相结合，以实现有效的投资组合。巴菲特认为，由于学术界对风险的定义存在着显著的偏见，因此，应该把“损失或损害的可能性”作为一种指标，以便更准确地评估价值的波动；贝塔值虽然在衡量风险方面具有一定的可信度，但却无法全面地揭示各个企业内部经济风险的实质性差异。很明显，这种财务管理理论的概念、内容和技术都有其局限性，而且单纯依靠数学原则来描述、计算和研究风险控制的模型也会带来极大的不确定性。因此，在数字化时代，财务风险管理的理论必须从不同角度进行全新的重构。

首先，对财务风险进行全面的理解和重新定义。财务风险可以从多个方面来考虑，包括多种不同的层面和类型。一个完善的财务风险研究理论应当基于对不同层次的财务风险因素、成因和现象的深入分析，以便更好地预测和控制风险。

其次，需要重新审视风险防控措施，并特别关注不同类型的风险的结合与匹配。格玛沃特强调，在经济衰退的情况下，企业必须在投资可能引发的财务危机和不投资可能带来的竞争劣势之间做出权衡。在经济衰退的情况下，如果企业过分关注投资所带来的财务风险，就会付出牺牲竞争优势的代价，从而获得更大的利润。为了应对复杂的市场情况，企业必须在考虑到财务风险和竞争风险的基础上进行合理的投资决策。与流动性风险相比，企业过分投入低收益的项目以及错失获取较大收益的机遇，将是一种极其危险的行为。

最后，对风险评估体系进行全面改造。企业应该减少使用金融工具来预防和控制风险。在数字化时代，财务管理的核心思想应该是实用性。因此，需要深入研究如何构建一个更有效的预警体系来评估企业的经营风险。良好的风险预测能力对于避免风险至关重要。为了更好地管理公司的财务风险，公司应该构建一个利用大数据技术，并具备多方面的情境预测能力的模型。利用先进的预测技术，能够准确地识别出新技术、新兴行业及企业并购所带来的潜在投资风险。利用多种先进的技术，如预测分析、统计建模、数据挖掘，能够准确发现潜在的危害，并采取相应的措施，有效地管理和控制项目的风险。万达集团利用大数据技术构建的预测模型，不仅可以有效地控制预算，还能够有效地评估和预防风险。

## 六、融资方式面临调整

随着技术的进步，“轻资产模式”已成为许多企业的首选财务指标，成为他们获取竞争优势的关键因素。轻资产模式的关键在于：它以最小的资产负债比，以及最小的资本成本，来获取资源，而非仅仅依靠银行贷款或 OPM（用别人即供应商的钱经营获利），以及实施无股息或低股息的收益分配，以此来保证资产的有效利用，同时也能够确保资产的有效保值。

通过采用轻资产模式，企业能够更加高效地完成“去杠杆化生存”，这样就不必再像“重资产”那样受到商业银行的严格审查，也就能够轻松地获取到更多的财务资金。随着互联网技术的发展，企业的运作变得更加透明，因此，依据传统的财务理论，通过适当的财务杠杆来提升公司的价值已经不再是一种可行的做法。

随着科技发展，传统财务管理已被彻底改变，它不再只关注企业融资，而是将其作为一个整体，将融资、投资、业务经营等活动有机地联系起来，以更好地控制和调整财务结构，实现更高效、更灵活的运作。随着互联网的普及，企业融资和业务经营已经完全融合在一起，而业务经营本身也包含了财务融资。

随着大数据技术的发展，互联网金融已经成为一个重要的产业。从中小企业的角度来看，这种金融方式能够更有效地匹配资金需求。阿里金融利用先进的云计算技术，精准地收集、分析、整理客户的信用记录、产品质量、投诉等，并且经过严格的风险评估，从而为优秀的小微企业提供更加安全、可靠的信贷服务。

## 第三节　数字化时代财务管理创新的变革路径

### 一、企业财务管理变革的改变

随着科技的进步，企业的财务管理方式正在发生巨大的改变，为企业提供了前所未有的商机，同时也为它们的发展提供了更多的可能性。通过引入新的技术和方法，企业的财务管理已经超越了传统的范畴，拓展至销售、研发、人力资源等诸多领域，从而实现了全面的财务管控。企业的财务管理已经从传统的单纯收集、处理和分析数据转向更加全面、综合性的方式，从而使企业的财务管理更加精细化、高效化。企业财务管理已经开始将一些传统方式无法涵盖的要素融入其中，从而形成一个全新的、更加复杂的财务体系。这项改革彻底颠覆了企业财务管理的传统模式，为其带来了前所未有的转型和发展。具体的变革方案如下：

#### （一）企业管理会计的面貌将实现重塑

随着数字化技术的发展，企业财务管理工作可以借助于大数据技术，实现对公司内部的全面预算、资金的有效集中和有序的内部控制，使企业的财务管理更加有序、高效。通过引入管理会计，企业不仅可以克服传统财务会计的局限，而且还能够获得更加可靠的决策和管理依据，从而大大提升企业的价值。

#### （二）企业的财务管理工作更具前瞻性与智慧性

随着数字化技术的不断普及，企业财务管理也受益匪浅。通过利用大数据技术，企业能够更好地收集和整合海量的数据，从而更加精准地识别和评估未来的市场趋势，降低潜在的风险，提升企业的竞争力。在数字化时代，通过应用大智移云技术，企业能够更有效地实现财务管理，从而更好地评估和控制各项收入和风险，并制定出更加合适的财务管理策略。

### （三）企业更易实现财务创新

随着数字化技术的发展，企业的财务管理能够有效地消除信息不对称的现象，从而极大地改善企业的经营状况，并且有助于加强股东对企业领导者的控制和监督。企业的信息资源得到了有效的整合，不仅能够被网络和其他行业监管，而且还能够激发企业的创新活力，从而有效地提升企业的竞争力，实现最佳的经济效益，提高企业的战略目标。

## 二、企业财务管理创新的具体路径

数字化背景下，企业面临着日益增长的数据量和复杂的数据类型，这使传统的财务管理方式无法应对当前的经济环境。随着“大数据”这一热门词汇的流行，财务管理面临着前所未有的挑战，因此，企业必须采取适当的措施来改变现有的财务管理模式，以拓展其传统的财务管理范围。为了实现企业财务管理的转型，促进企业的健康发展和提升价值应该采取具体的财务管理创新措施，具体的财务管理创新路径阐述如下：

### （一）培育大数据意识

随着信息的大爆炸，大数据的普及和应用已经深入到了社会的方方面面，并产生了深远的影响。数字化时代已经来临，未来的商业机会将无处不在。因此，企业应该把握这一重要的商业机会，加强自身的竞争优势，以期在未来赢得更多的市场份额。目前，许多企业尚未充分认识到大数据的重要性，未能及时发现市场变化带来的机遇，从而在未来的竞争中取得优势。财务管理承担了越来越多的职能，其中最为关键的就是利用大数据技术来实现有效的决策和控制。为了实现这一目标，需要加强管理层的大数据管理意识，并且让全体员工都能够认同并积极参与其中。

### （二）创新企业财务管理组织结构

组织架构是一个完整的管理框架，它为企业的“骨骼”系统提供了强大的支持，以保证产品的高效制造、技术的有效引入、经济的发展。过去，企业的财务管理组织结构往往是以职能部门为基础，包括财务部、会计部、资金部等，以满足企业的经营需求。随着大智移云技术的普及，企业必须进行重大的改革，以满足新的需求。为此，可以从三个方面入手：首先，根据现有的财务管理架构，建立一个特殊的部门，负责收集和处理各种商业和非商业数据，并运用大智移云技术建立一个完善的财务管理系统；其次，鉴于传统财务人员的能力有限，我们应该在财务管理部门中增加适当比例的数据分析人才，以便利用统计学、智能化技术和数据分析处理技术，深入挖掘大量的、具有重要价值的、可靠的信息，以便为企业领导层提供准确的决策依据；最后，随着大智移云的问世，财务管理已经摆脱了以往单独运营的思维模式。通过跨部门协作，财务部门与其他业务部门的联系变得更加紧密，财务数据的规模和种类也变得更加丰富，来源也变得更加广泛。在大智移云下，企业财务管理需要全体员工的共同参与。

### （三）建立财务管理信息化制度

随着信息技术和网络技术的飞速发展，数字化时代的到来为当今经济的变革提供了更多的可能性。为了实现财务管理的统一，研究者们提出了建立财务管理信息化体系的构想，并建立了完善的财务数据中心，以及招募专业的财务人才，以满足日益增长的需求。

具体来说这个问题涉及多个方面。一是网络信息环境。在网络信息时代，企业必须充分关注内部和外部环境的变化，并且要综合考虑多种因素，如国家的政策、行业的特征、人才的需求以及物质的供给。二是统一财务体系。通过建立统一的财务体系，能够更好地监督资金的使用，提升资金的运作效率，并且能够确保资金的安全与完整。此外，这也能够有效地避免财政权力的分散与削弱。三是构建财务数据中心平台。通过应用先进的大数据和云计算技术，企业可以建立一个财务大智移云中心平台，以有效管理财务数据，并利用数据仓库、数据挖掘等关键技术，从海量数据中提取出宝贵的信息，为企业管理层提供及时、准确、全面的服务，帮助企业更好地洞察市场变化，及早发现潜在风险，并能够更加精准地预测未来的发展趋势。四是完善人力资源管理，以确保高质量的工作。为了提高员工的信息化能力，公司应该配备相关的专业技术人才。

### （四）构建财务管理智能系统

大数据的信息量巨大，然而它的密度却很低，因此，必须加强对这些庞大的数据的挖掘，以发掘它的巨大价值。商业智能是一种基于前沿科学技术的系统，它可以有效地收集、处理、整理大量的数据，并以精确的方式将其转换成有价值的知识，从而帮助企业制定更有效的决策与战略。因此，商业智能是大数据技术的核心应用。随着大智移云时代的到来，信息爆炸效应不可忽视，企业若想在激烈的市场竞争中取得优势，其决策的及时性和准确性就显得尤为重要。而财务管理则是企业运营的核心，它能够直接反映出企业的经营状况。商业智能在当今的科技时代中扮演了越来越重要的角色，它能够帮助企业更加迅速、精准地处理和传递财务大数据，并且能够为其决策提供宝贵的建议和指导。因此，企业应该把财务管理和商业智能紧密结合起来，以实现更高效的财务管理。下面将深入探讨财务管理智能系统在三个不同方面的实际应用。

1. 财务分析

通过财务分析系统，企业可以收集和分析过去和现在的财务数据，并利用数据挖掘和预测技术进行深入分析。这样，企业就能够更全面准确地了解自己的筹资、投资和经营能力，以及偿债能力、运营能力、盈利能力和发展潜力。通过对企业过去的表现进行全面分析，可以更好地帮助投资者、债权人、经营管理者以及其他有关企业的机构和个人了解它们的当前情况，并能够根据这些信息来制定更加明智的决策。

2. 财务预测

通过进行财务预测，可以更好地了解未来的发展趋势，从而更有效地管理资金、降低成本、优化营业收入、提高销售额、实现更高的利润，更好地把握未来的发展机遇。随着技术的进步，我们已经开始使用财务预测系统。这个系统能够实时监控公司的财务状况，帮助公司更好地应对市场的变化，并且能够快速调整和优化公司的财务计划，增强公司的竞争优势。利用智能化中的先进技术，如回归、神经网络等，财务预测系统能够提供快速、精确的预测，有效地帮助企业掌握未来的财务趋势，并有效控制其经营成果。

3. 财务决策支持

通过进行财务决策，可以制定出最有效、最具吸引力的财务计划和政策，达到令人满意的结果。通过应用先进的商业智能技术，可以实现对多种财务决策的全面掌控，包括筹资、投资、股息分配等。可以从浩瀚的财务大数据库中抽取相关信息，经过联机分析和处理，为企业的经营决策提供全面的支撑。

**（五）提升数据管理水平**

企业的数据对于未来的发展至关重要，但过去的数据往往会被忽略，“大数据”的出现更加凸显了这种重要性。它提供了一种快速、全面的，收集、处理、分析、评估的方式，从而帮助企业更好地实现目标，并且为未来的发展提供了强大的支撑。随着大智移云技术的发展，人们越来越认识到数据的价值，并且为财务管理的创新指明了一条正确的道路：加强对数据的采集、存储、处理和利用，以及提高数据管理的效率。

一是资料采集。在数字化时代，财务管理活动将更加依赖于数据，以数据为基础，充分利用庞大的数据资源，以实现更有效的财务管理。过去，由于缺乏充分的信息，财务管理活动往往无法得到有效的支持，从而降低了决策的准确性和可靠性。因此，应该加强对数据的收集，以便为财务管理提供更多的信息和资源。一方面，政府应该大力推动企业实施会计信息化，为其提供全面的技术支撑，以促进其有效收集、整合、分析、运用各类财务数据；另一方面，企业应该积极采取措施，制定出符合其实际状况的数据收集策略，并以此为基础，进行有效的数据收集和分析。

二是数据库的储存。随着科技的飞速发展，数据量的迅猛增加，构建起一股强大的数据洪流，使得企业在收集数据方面面临前所未有的挑战。为了提高效率，公司应该建立一个完善的数据库。一方面，将采用先进的存储服务器来支持大智移云技术；另一方面，企业应该认真规划数据库结构，并制定统一的分类标准来管理数据要素。

三是数据分析。大数据的价值在于它能够提供宝贵的信息，通过数据挖掘和分析，可以更深入地了解数据，并从中提炼出有价值的信息。随着现代财务管理活动的发展，数据收集和存储的数据量也不断增长，因此，利用大数据分析和挖掘技术，可以有效提取出宝贵的数据，为企业提供可靠的参考，帮助企业快速响应市场变化，并为其制定更具针对性和准确性的决策提供依据。

四是数据化运用。随着时代的发展，企业对大数据的需求日益增长，未来企业的竞争将更加依赖于数据资源。财务报表与其他业务信息不仅可以作为公司运营的重要参考，更能够激发公司的潜力，为公司带来更大的价值。在企业的财务管理中，应该充分利用大数据的潜力，通过对数据的分析和挖掘，为决策者提供宝贵的建议，从而促进公司的业绩提升。

### （六）建设数字化人才队伍

随着数字化技术的发展，财务管理者能够更加高效地实施财务管理，大大减少投入，从而使企业获得更大的收益，同时也为财务专家们提供了一个实现自身价值的舞台。同时，数字化技术的不断成熟，已经深刻地影响到企业的运作方式，并且为财务管理者带来了前所未有的挑战，他们需要具备更加完善的知识、技能、思维以及实践能力，从而实现从财务专家到业务全才的转变。

数字化时代下的财务管理者必须具备全面的学科知识，包括会计学、财务管理、统计学、计算机科学、设计学等，以便能够充分发挥各学科的优势，有效运用数字化技术，实现财务管理的有效性与精准性。然而，由于当前许多企业缺少必要的人才储备，加上目前财务团队的技术水平普遍偏低，使他们无法充分利用财务大数据进行分析与挖掘，从而影响了企业的正常运营。信息时代下，企业必须加强对员工的信息化素养，使他们掌握多种信息化技术，熟悉相关业务，不断提高综合能力，建立一支拥有数字化思维的财务专家团队，以便更好地运用多种数字化技术，收集、处理、组织、传输财务数据，为企业管理层提供更有效的财务决策支持。

# 第四章　数字化时代财务管理模式的创新

本章内容为数字化时代财务管理模式的创新，从三个方面展开叙述，分别是数字化时代财务管理模式四个维度、数字化时代财务管理模式的认知框架以及数字化时代财务管理模式的应用初探。

## 第一节　数字化时代财务管理模式四个维度

《管理会计兴衰史》[①]中指出，就当今企业所处的环境而言，企业的财务管理系统已经远远不能满足企业管理的需要。数字化时代，企业需要借助数字技术，回归顾客并制定“有效价值增值”的科学发展战略，但至今“价值增值”的目标尚未被明确提及，新的财务管理模式亟待挖掘。

### 一、技术赋能维度

数字化正在深刻改变财务管理的底层逻辑，财务管理已经和我们所了解的任何行业一样，进入了一个前所未有的革新时代，财务管理模式也随着技术的变革而呈现出更加灵动、互联、协同、共享的数字化时代特征。

财务管理转型其实是信息技术发展掀起的新一轮产业革命。随着人工智能引领的智能化技术的密集突破，财务工作将更加自动化和智能化，现有的财务管理运作模式将会遇到极大的挑战。科技发展日新月异，通过引入智能财务技术，财务人员可以从传统的低效率、重复性的会计核算中解放出来，从而获得更高的时效性、准确性和灵活性。

① 马斯·约翰逊，罗伯特·卡普兰．管理会计兴衰史 相关性的遗失 [M]. 金马工作室，译．北京：清华大学出版社，2004.

借助于新的技术手段，通过机器学习、大数据建模等技术手段和方法，可以进行智能分析和预测，进而使财务管理模式能有机会为企业发展创造更多价值。新技术和新模式可以从核算工具、核算目标、核算对象、分析方法和结果呈现的全方位赋能企业财务管理，例如可以通过打造智能的财务管理流程，提高效率、降低成本、控制风险。

## 二、顾客价值驱动维度

如果说互联网改变了我们的经济、金融、社会等多方面的发展格局，那么数字资产将在这个基础上，再一次改变底层商业规律，各种新业态下的商业新模式都将涌现出来。因此，数字化时代亟须创建基于财务管理模式创新的顾客价值驱动模式。

数字化时代顾客价值驱动需要通过价值活动来完成，基于数据深层次挖掘的顾客高效价值创造和传递。工业时代我们将企业放在中心，考虑如何战胜竞争对手，而今天的商业活动是由“顾客主义”的逻辑主导的，数字化时代需要我们将顾客放在中心，寻求与顾客共生的广阔空间。

顾客价值是考虑所有问题的出发点，而不仅仅是行业变量或企业资源。当顾客成为共同创造价值的主体，改变了他们获取价值的方式，这将会带来爆炸式增长，因此，新的财务管理模式应该以顾客价值为核心，以此来实现可持续发展。

## 三、财务人员角色维度

随着信息时代的到来，各个领域都在发生着巨大的变革，线下线上都在更紧密地结合。财务部门不仅要面对风起云涌的外部环境，还要随时应对因技术创新、业务转型加速带来的企业数字化转型的风险和变数，传统的“财务总管”角色再也不能满足企业管理的数字化时代新诉求。

企业对于财务人员的角色期待将从能够进行传统的会计核算、资金结算等基本业务转向更先进的智能支持工具来帮助企业实现战略调整、资源整合和优化配置。

新一轮的财务管理模式变革，急需具有数字化思维、战略意识和综合能力的财务人员。有担当、有能力、有视野、有格局的财务人员将有更加广阔的职业发展空间。

# 第二节 数字化时代财务管理模式的认知框架

## 一、第四张报表的提出

“工欲善其事，必先利其器”。当前，70% 的企业财务管理部门的工作重心仍然集中在“三表一注”上。数字化时代急需新的财务管理工具载体帮助财务管理部门和人员，将工作的重点转移到那些为企业创造价值的，更加全面、相关、及时的工作上，进而真正实现财务管理的数字化转型。

传统财务管理模式的管理载体，“三表一注”财务报表体系包含资产负债表、利润表、现金流量表和其他有助于企业实施有效决策的数据，“三表一注”体系以复式记账法和会计准则为基础，是具备借贷平衡关系、提供规范信息的标准工具载体。在工业时代，“三表一注”作为商业通行语言，具备独特的优势——基于统一标准抽象出的量化信息，可以“翻译”出企业的历史商业行为和结果，并使得跨企业、跨行业的比较分析成为可能。

“三表一注”的财务报表受到了工业时代的影响，但是随着数字技术的发展，它的应用范围也发生了巨大的变化。“三表一注”作为一种以企业为中心的管理工具，其所提供的报告可以满足股东、债权人、监管部门等多方面的需求，将复杂多变的数据进行统一、规范、有效地呈现。“三表一注”的缺陷在于：它的范围受到了一定的限制，无法充分反映出当今数字化时代的复杂情况，而且信息的完整性也需要进一步改善；“三表一注”为企业提供一个可靠的参考标准，来衡量它们在数字化时代的价值，但“三表一注”则更加强调了信息的可靠性，从而更好地反映出企业的实际情况；“三表一注”的目的在于记录过去的经营情况，但它的反馈速度较慢，因此需要加强其信息的实时性。

这些问题在财务管理遇到的数字化时代新挑战中可见一斑，那么未来数字化会带给财务管理怎样的挑战呢？德勤提倡的“第四张报表”是一张关注于业务数据的“数字资产表”，通过揭示用户数据与财务之间的关系，来帮助企业将数据变现，并实现事前决策。

## 二、财务管理基本假设的新挑战

财务报表的种种“先天”条件，决定了单独的财务报表无法为企业提供全面、相关、及时的数据和信息，在工业时代，会以业务报表对其进行补充。业务报表由业务部门主导编制，可以更加深入地反映业务发展的各项组成要素，包括数量价格、分区域分产品线构成、增减变动的构成等，但业务报表同样面向过去，反映的是企业价值的结果，不能反映生态圈内各个利益相关者的关系，也不能反映用户价值和员工价值的变化。数字化时代，面对生态经济，财务管理工具也需要变革和创新，才能真正支撑组织数字化时代的新发展。以下是财务管理的五项基本假设，每一项在数字化时代都遇到了新挑战。

理财主体假设：指企业的财务管理活动应该受到特定组织的约束，以确保其经济和运营的独立性。挑战：数字技术的成熟和应用，打通了产业和场景的可连接性，打开了产业生态圈的时代，企业成为生态圈的节点，企业因连接而产生价值。

持续经营假设：是指理财主体能够持续运营，并且能够实现其预期的经济目标，这一假设为财务管理提供了一个时间框架。挑战：数字技术的进步加速推动了行业进步，财务管理的视角不再是注重短期的和过去的，而是注重长期的和未来的。

有效市场假设：资金市场是完善和有效的，那么财务管理就会更加可靠。挑战：在有效的市场中，成功的投资者必须具备快速、准确地识别和处理各种市场信息的能力。数字化时代下，海量数据的存在，对信息的挖掘分析和判断提出了更高的要求和挑战。

资金增值假设：经过财务管理人员的精心操作，企业的资产将会得到持续的提升。挑战：资金管理成为企业价值管理的一部分，不再仅从资金角度进行考察。

理性理财假设：拥有良好的金融知识和技能的投资者，在进行金融投资时，应当以客观、合规的方式进行。挑战：财务能力只是财务人员的基本功，多元化的背景和商业洞察是数字化时代财务管理人员的核心竞争力。

## 三、财务管理的新要求

### （一）新的财务管理模式——价值驱动

创造价值是转型面临的最大挑战。关于财务转型面临的最大挑战问题上，大部分人支持“价值创造 + 管理决策支持”。

随着财务管理模式的不断改进，从价值记录转向价值创造的过程也变得越来越重要。从共享财务到业务财务，再到战略财务，财务管理模式的转变需要财务人员不断提升自身素质，以满足企业发展的需求。通过共享财务（智能化）技术，所有交易流程可以在共享中心或外包平台上实现自动化处理，而共享财务人员则负责监控异常情况。业务财务（业财一体化）：财务管理与业务紧密协同，业财一体化更强调外部性，强调将财务数据与外部信息紧密结合，以辅助建模和预测业务成果，优化战略计划，确定最佳业务机会。业财一体化也是企业信息化建设的重心，对财务人员的综合能力提出了很高的要求，需要财务人员在“专业”和“综合”方面同时做出改变。采取灵活的战略财务方法，可以有效地应对不确定性，并利用预测分析技术对战略决策产生的影响进行有效的评估，从而更好地实现企业的长期发展目标，为可能到来的冲击提前进行规划和管理。随着分析技术的升级，以及数据规模和复杂性的不断提高，财务管理的价值驱动模式在人工智能和认知科技的推动下将不断创造新的方式和可能。

### （二）财务人员角色的转变

组织演化亟须新功能。随着组织形式沿着“刚性组织—智能组织—精益组织—柔性组织—自组织—生态组织”不断演变，各种组织特性下的核算属性和边界也在不断地改变和更新，这也为财务管理带来了更多的新挑战。

部分人认为财务人员需要在对战略和业务的深入理解上做提升；部分人认为需要在财务专业能力方面有所提升；部分人认为需要提升信息技术能力；部分人认为需要提升领导变革的能力和沟通表达能力。由此可见，从财务人员的职业发展并增强其专业技能来看，他们必须更好地了解公司的战略与业务，并不断学习以提高自己的专业水平。

### （三）数字化时代企业的协同需求

财务管理新需求正不断涌现。一些财务人员认为对业务价值创造能进行实时核算以激活高价值业务，是对新的财务管理功能最主要的期待；一些财务人员期待企业间形成跨界连接，探寻共同战略发展空间；一些财务人员对实现部门价值创造的实时核算以激活跨部门合作充满期待。总的来说，财务人员对于“高价值业务＋跨界”的新功能抱有最大期待。

协同是新财务管理体系的关键词。因为运用新财务管理体系能取得 1+1>2 的协同优势。正如任正非所言，“一个人不管如何努力，永远也赶不上时代的步伐，更何况在知识爆炸的时代。只有组织起数十人、数百人、数千人一同奋斗，你站在这上面，才摸得到时代的脚。”①

## 四、共生逻辑下的新的财务管理认知框架

经过系统性的重新构建和分析，可以构建一个基于共生关系的财务管理新思维模型。

首先，通过深入的调查发现，顾客价值是财务管理的关键，因此“顾客价值”成为一种全新的认知模型的基础；其次，由内而外为企业提供了一个全新的财务核算范围，并进行了边界拓展，这个维度既要包含企业内部的员工、部门、企业整体，又要包含外部的上下游等，我们赋予其一个新的表达方式，即“核算到多维”；再次，跨界生存已成为数字化生存的重要方式，因此在财务管理新模式中也需要呈现出对跨界的辅助，因此我们需要财务管理新模式中能呈现出核算体系之间的连接，并且这种连接要做到“跨界”，即实现“连接到跨界”；最后，激励员工的积极性也将成为数字化时代的关键，这将为企业带来更多的发展机遇，并为其发挥出更大的潜力。

财务管理的目标是通过提高效率来帮助企业实现顾客价值的最大化。通过利用数字技术的潜力，企业可以开拓出更多的发展机遇，从而提升共生体系的价值，并将其与外部的资源有效地融合在一起。“端到端”提供了一种从企业到消费者的全新价值传播模式。

① 任正非 . 一江春水向东流［J］. 光彩，2012（5）：20-21.

## 第三节 数字化时代财务管理模式的应用初探

技术进步推动产业革命，产业革命催生管理革命。新一代数字技术革命，让“数据”成为除了人力、资本、技术之外的新“生产要素”，对数据要素价值的挖掘和使用，重新定义了产业进行价值创造的方式——从工业时代的线性价值链向数字化时代的交互价值网不断演化。

工业时代，卖方市场价值链是线性单向的，研发生产和采购销售多是基于供给端的判断，库存积压的情况非常普遍；数字化时代，消费端的数据被实时获取，根据市场销售情况，可以反向指导供应链进销存和工厂生产，并根据消费者的画像和偏好，洞察消费趋势，实现按需研发、以销定产，更高效地匹配生产要素，在数据驱动下实现高效的资源整合。完全按需提供定制化的产品和服务将成为所有行业的标准。利用数据重组其他生产要素作为企业新的核心竞争力——数字技术的应用，突破了工业时代大规模机器生产的效率天花板，让“多对多协同”“大规模私人定制”成为可能。

数字化时代，上半场的消费互联网，改变了人们的生活消费方式，下半场的产业互联网，则会改变产业链“研—产—供—销，人、财、物”各个环节的组织方式和互动方式。数字化时代，所有的产业都值得重做一遍。

面对数字化时代从消费互联到产业互联的渗透发展，企业的边界被突破，产业价值链在重构，而企业在数字化时代的决胜战略也在发生变化——从工业时代的“规模经济”，到消费互联网的“平台经济”，再到产业互联网时代全新的“生态经济”模式。一个企业只有充分洞察外部生态的变化，把握市场的需求，连接更多的利益相关者，“共创”“共赢”，才能实现持续成长。

同时，数字化时代也意味着要应对千人千面、快速迭代、无限极致的用户需求，企业必须足够灵活。而判断一个企业是否具有互联网基的关键正是在于看它能否变得轻盈敏捷，能否快速响应用户需求，高效组织资源、实现交付。众多互联网公司已经开始实行“中台”架构，包括阿里的数据中台、腾讯的技术中台、美团的用户中台等。将企业长期建设的资源和能力统一为中台，为前台提供强大的专业服务，从而赋能前台更加敏捷地服务用户和市场。产业互联网时代，企业的管理模式也在变革，前、中、后台将成为新型组织架构，前台主战，中后台主建，前台有一线的决策权，权责对等，责任承担和利益分配也在前台完成；中后台的核心是共享，将具有共性的业务提炼出来，沉淀为中间件，由前台根据需要进行调配，减少重复建设，提升资源的利用率，最大化匹配企业的“生态战略”发展。

随着环境的不断变化，竞争优势可能会被取代。因此，一家拥有良好战略思维的公司更有可能取得成功。从早期强调以速度和效率为核心的市场链机制，到追求“东方亮了再亮西方”，兼顾精一和多元化的双融战略，不断呼应动态竞争所强调的乘时造势，海尔从一家以价格竞争为主轴的本土电器企业，转型为一家以用户价值为核心的全球品牌企业，为中国企业的全球化和品牌化提供了一个最佳典范。

海尔认为，管理没有任何秘诀，核心就是扩大并平衡企业、用户与员工三者的利益，建立利益共同体。

今天物联网、大数据、人工智能的应用，打通了产业和场景的连接，打开了商业生态圈的时代，原本线性的价值链围绕客户发生网状耦合，在消费者与消费者、消费者与企业、企业与企业之间，形成价值共创的联合体，构成了共生、互生、再生的生态圈。生态圈的关键在于在战略层面探索企业如何撬动外部的、自身不具备的资源来建立优势。而生态战略的实现，需要生态组织做支撑。2005 年，海尔就开始进行“人单合一”管理模式的探索，将员工从雇佣者的身份，转化为创业者和合伙人，以用户为导向进行零距离融合。海尔主动寻求变革，从科层制演化为网络组织，将企业对员工付薪转变为用户为员工付薪，将传统工厂转变为互联工厂，打破了组织的垂直边界、水平边界和外部边界，形成无边界、自进化的生态组织。

海尔用 8 年时间颠覆了传统的组织结构，从传统的筒仓型“正三角”组织转变为“倒三角”组织，再变革为“网状平台型”组织。此外，整个集团拥有上千个自主经营体，同时具有覆盖每个自主经营体的核算机制。从 2013 年开始，海尔进入了网络化时代和共创共赢生态圈时代，将“人单合一”的管理模式纵向推进，在战略、组织、员工、用户、薪酬和管理六个方面进行颠覆性探索，通过打造动态循环体系来加速海尔的互联网转型。

“人”：变革的核心就是变革人和发展人，挖掘员工的活力和潜力，让他们从传统的被动执行变为自我管理和自我创业，成为自己的 CEO。

“单”：用户价值。衡量“单”质量高低的唯一标准就是用户价值的大小。

“合”：消除距离。全球创客的价值实现与所创造的用户价值合一。

海尔“人单合一”模式的根本，在于充分发挥“人”的作用。产业互联网时代，当信息充分打通，数据实现共享，智能技术最大化替代标准的重复工作，人的价值和个性将有机会充分展现。工业时代的管理模式，是让人像机器一样进行流水线工作，管理目标是实现企业绩效最大化。而数字化时代的管理模式，是让人重新回归为人，充分发挥每个人的个性，找到各自适合的位置，充分发挥个人所长，在喜欢的领域从事工作，服务匹配的客户，从而实现员工和用户的共赢；当员工和用户的价值最大化时，企业作为平台的价值也一并实现了提升，最终达成三方共赢的局面。

在工业时代，企业价值、用户价值、员工价值，看似是零和博弈，但到了数字化时代，“人”的价值最大化成为产业互联网可持续发展的根本动因，此处的人既包括用户，也包括员工，最终使得生态圈内的所有组织个体都能在这个过程中协同发展——利益的获取，不再是“分个蛋糕，你多我就少”，而是“共同把蛋糕做大，大家共享新增价值”。

而这一切的根本就在于在数据共享的前提下，实现了资源的最优配置：将合适的员工和用户匹配，将员工的意愿和能力匹配。员工有了决策权，用户的需求就能得到精准的识别和理解，也就减少了不必要的投入和浪费，这意味着用最短的路径，实现了用户的价值，而员工的价值同样也得到了实现。

“人单合一”模式下，员工和用户都是“人”的不同角色，如 A 企业的员工可以是 B 企业的用户，B 企业的员工也可以是 C 企业的用户。人在社会中生存发展，就是一个不断和外界进行价值交换的过程，而让一个人充分发挥自己才能，创造价值，并交换其他人创造的价值，也是整个商业和整个社会和谐发展的基础。

“人单合一”模式揭示了产业互联网时代生态经济的本质：整个产业链就像一个生态系统，产业链上中下游各个环节就像生态系统中的生物体，大家各司其职，营造了一个自循环、共同繁荣的生态系统，而生态系统繁荣的前提，一定是每个生物体都不可或缺，并实现了其生态价值。

“人单合一”模式，将“用户”和“员工”两项数字化时代最重要的企业资产作为企业管理的核心，以这种管理模式为基础，进行管理工具的探索，这也许会给数字化时代的财务管理提供新的视角和思路。

“共赢增值表”，是海尔“人单合一”模式下的战略承接和驱动工具，核心就是为了实现对利益相关者的价值衡量。共赢增值表，顾名思义，重点呈现的是“共赢”和“增值”。共赢增值表首要关注的是用户资源，其次是参与生态平台持续迭代的各利益相关者，再次是平台上各生态价值，产生边际效益、边际利润，如表 4–3–1 所示。

**表 4–3–1　海尔的共赢增值表**

<table>
<tr><th colspan="3">项目</th></tr>
<tr><td rowspan="3">用户</td><td colspan="2">交易用户</td></tr>
<tr><td colspan="2">交互用户</td></tr>
<tr><td colspan="2">终身用户</td></tr>
<tr><td rowspan="2">资源方</td><td colspan="2">交互资源方</td></tr>
<tr><td colspan="2">活跃资源方</td></tr>
<tr><td rowspan="5">生态平台价值总量</td><td rowspan="2">利润</td><td>传统利润</td></tr>
<tr><td>生态利润</td></tr>
<tr><td rowspan="3">增值分享</td><td>链群分享</td></tr>
<tr><td>支持平台</td></tr>
<tr><td>共创收关方：资源方分享、用户分享、资本分享</td></tr>
<tr><td rowspan="3">收入</td><td colspan="2">传统收入</td></tr>
<tr><td colspan="2">生态收入</td></tr>
<tr><td colspan="2">单用户收入</td></tr>
<tr><td rowspan="3">成本</td><td colspan="2">传统成本</td></tr>
<tr><td colspan="2">生态成本</td></tr>
<tr><td colspan="2">边际成本</td></tr>
<tr><td>边际收益</td><td colspan="2">边际收益</td></tr>
</table>

和企业收入相关的，还有各项营销策略和营销费用。为了激励经销商、提振渠道销售，企业会制定各项返利和渠道费用策略，这些策略短期内可以刺激企业销售收入的上升，但从长期来看，是否真的创造了客户价值、塑造了品牌形象，还是仅仅实现了一次性的货品倾销，都需要认真审查。在成本端，各项原材料零

配件的采购，都是分割的而非联动的。供应商不参与产品设计，因此零配件的参数匹配相对被动，库存管理一般是滞后的。而生产制造过程由工厂按照生产规划进行分配，由于生产周期限制，生产计划和销售计划不一定匹配，也会出现库存超期和存货跌价等管理难点。最终，制造型企业实现的利润是各类产品销售利润之和，扣除压货促销、库存超期、多级分销等各类信息不透明所带来的成本费用，以及不可见的对企业品牌、客户价值的长期潜在影响。

而共赢增值表，首先考虑的是用户资源和利益相关者资源。通过对消费数据的分析，企业可以对用户群体进行细分，从而确定不同级别、不同需求重点的用户。例如从活跃程度角度，用户可以分为交互用户、活跃用户、用户创客、终身用户。对于重度用户，企业掌握了更为全面的用户画像、消费习惯、行为偏好等，可以围绕他们进行全生命周期的产品定制和精准营销，深度挖掘用户需求，请用户间接或直接参与产品设计，快速迭代，实现产品创新。除了用户，企业也需要考虑各个利益相关者，包括核心渠道商、核心零售平台、核心供应商等。各方基于用户体验，可进行持续迭代创新，从而为用户提供端到端的产品和服务；各个利益相关者在参与过程中可更精准地获取数据，从而更充分地发挥各自的价值。共赢增值表的出发点，首先就是用户和利益相关者，目的是实现生态圈价值总量的“增值”。在实现了生态圈整体的“增值”后，下一步就是对增值的分享。

从用户和利益相关者角度出发，生态圈的利润就不再是产品销售的硬件利润，还包括圈内的各项生态利润。对于这些额外创造的利润，则可以根据投入情况，在资本方、生态圈参与方、创客（用户）之间进行分享。增值分享后，是企业自身的收入与成本核算。企业的收入与成本，除了传统的硬件收入与成本，还包括分享的生态收入与成本。企业作为生态平台，用户和生态资源越多，企业平台的生态边际成本越小，生态利润则越高。

在“人单合一”模式下，企业平台连接了企业内外部的各个利益相关者，而实际执行各项业务项目的，则是企业内部的各个小微组织，各个小微主是小微的CEO，充分调动小微的主观能动性和企业平台的资源能力，和创客、其他利益相关者共同合作，实现生态圈整体的价值增值。小微作为自主经营单元，重构了企业的传统损益表，例如销售的量价确定由企划小微、销售小微、市场小微共同确定，各个小微考虑问题的出发点，是策略能否切实提升生态圈的整体价值。利润表中的销售收入，是各个销售小微和市场销售经营的结果，是进行了增值分享后实现的企业产品收入和生态收入之和。企业的成本和费用，也是研发小微、生产小微、供应链小微等基于其面对的利益相关方，进行整体生态价值提升后所发生的成本费用。企业损益表中的剩余利润，由于是各个小微自主经营的结果，在一部分留用为企业发展基金或留存收益后，其余部分可作为小微的分享利润，向小微进行分配。

因此，经过“共赢增值表”的运作，传统损益表中的各个项目，重构为由各个小微构成的损益表，收入、成本、费用的驱动因素不再相同，从而最终实现了企业商业模式和管理模式的转变。

通过使用共赢增值表，可以改变过去的以企业为中心的做法，转而将重点放在用户身上。这种转变促进了从封闭向开放的转型，并且有助于增强用户和资源的参与度。海尔集团采取一种全新的循环生态模式，以及一种让所有利益攸关方都能参与的增值分享机制，彻底改变了传统的管理方式，使其由一个单一的制造企业发展成一个开放的创新型平台，这样一来，不仅可以有效地提高企业的运营效率，还能够更好地保持其市场优势。

受海尔案例的激励，“三表一注”在数字化时代的局限性被彻底改变，因此第四张报表“共生增值表”诞生了，以满足当下的需求。以企业为生态圈创造的价值增值为基础，第四张报表将管理细分到小微和员工个体层面，通过实施预算管理、OKRE（目标与关键结果及赋能法），自下而上，为小微和员工提供更多的发展机会，实现企业生态的共赢增长。“共生增值表”不仅仅是一张简单的报告，它还拥有一套完善的管理系统，能够将“三表一注”的信息与“共生增值表”的实时数据有机融合，以便更准确地反映公司的发展战略，同时也能够客观准确地衡量用户、员工以及其他利益攸关方的价值，为公司的发展提供一套完善的价值创造、评估、分享机制。

数字化和信息化的本质区别之一，在于信息化反映结果，数字化追究动因。“共生增值表”是一款引领时代发展的全新数字化管理工具，它不仅彻底改变了传统的财务报表格式，更重要的是，它将“事后反映结果”和“动态反馈动因”的功能完美结合，使得企业能够更加高效地进行管理。“财务报表”与“经营报表”被广泛应用于评估企业的运营效率，但它们之间也有一定的联系，可以说是彼此影响、相互补充、相互促进的。“共生增值表”旨在通过建立一个资源匹配的赋能平台，将企业内外部的长期共生价值融入其中，以激发小微企业和员工的潜能，并通过对“经营报表”的驱动、预测、考核和评价的深入分析，实现新型财务管理模式的有效实施。“共生增值表”和“经营报表”之间有着紧密而又不可分割的因果关系。

“共生”——以“生态”为例，重新界定报表。一是“共生”聚焦于生态圈的共生，强调用户、企业和社会各方之间的互动，以及他们在这个生态系统中发挥的重要作用。这种关系可以建立一个共赢的社区，实现双赢；二是生态组织的共生，即企业从传统的层级制度转变为更加灵活的平台制度，小微企业可以独立运营，并且可以与其他企业建立联系，实现无限制的发展。

“长期价值”——内外兼顾，虚实相融。通过对财务、业务、内部和外部数据的全面收集，我们可以建立起一个完整的、多维度的长期价值评估体系，从而使我们能够从过去到未来，对企业的发展趋势进行准确的预测和分析。利用先进的智能技术、云计算技术，我们可以对企业的长期价值进行实时的评估，以数据为导向，提供精确的评估、及时调整、可靠的预测，并将其与“自驱动、透明管理”和“人人绩效”的模型相结合，从而帮助企业实现快速、高效、灵活的智能管理与决策。

“底层逻辑转换”——提前做好准备，以确保业绩的最佳表现。“共生增值表”与“三表一注”之间存在着显著的差异，这些差异表现在：第一，报表编制主体的不同：“价值增值”更加侧重于“价值增值”的衡量，更加强调未来价值的评估，而“共生增值表”则更加侧重于用户、合作伙伴、企业生态利益相关者以及生态组织内的自主经营单元（小微）、员工个体等多方参与，以此来实现报表编制的目标。第二，相较于传统的历史价值核算，共生增值表更加注重将未来的财务状况反映在现有的财务报表中，它以实时滚动预算为基础，采取事前估算、业绩对赌的管理策略，使其成为一种能够帮助企业更好地制订计划、控制预算、落实执行、评估绩效的有效管理工具。

# 第五章　数字化时代的财务管理创新实践

本章内容为数字化时代的财务管理创新实践，如今是数字化时代，云计算、大数据、人工智能等数字技术越来越频繁地出现在人们眼前，本章主要讲述这些数字技术应用于财务管理的创新实践，主要从三个方面展开叙述，分别是财务共享、智能化财务管理以及财务大数据。

## 第一节　财务共享

### 一、财务共享概述

#### （一）财务共享的相关概念与发展历程

“共享服务”的出现引发了学术界的激烈讨论，但随着布赖恩·伯杰伦的《共享服务精要》的出版，“共享服务”的概念被普遍接受，并用于指导企业的发展。《共享服务精要》指出：首先，企业应该在内部建立一个不完全独立的实体，以便能够提供高效的管理、协调、支持等；其次，企业应该加强内部管理，以确保企业的可持续发展；最后，企业应该加强与客户的沟通，使企业能够及时反馈市场信息。促进企业的发展共享服务的核心在于：一方面，企业集团应确保所有的业务都能够在一个服务器上进行，从而实现有效地协同；另一方面，共享中心应根据自身的管理需求，充分整合人才资源，并且以最高的工作标准，为客户提供最佳的技术支持。通过建立半自主实体，共享服务利用集约原理提升企业的效率，将部分业务职能抽取并进行集中处理，共享中心根据自身的管理方式提高信息处理效率的重要理念。研究表明，在大型企业的共享服务中，财务管理的应用是最重要的。因此，每个子公司都会成立一个专门的财务部门来负责其日常的财务管理，以确保其有序运营。然而，由于企业集团的规模不断扩张，它们会遇到许多相同的、重复的财务操作，因此，为了更有效地实现这些操作，企业集团可以建立一个专属的财务中心，以实现对其内部的财务流程的有效整合和优化。

通过实施财务共享，不仅可以大大减少人力投入，还能够极大地提升工作效率。它还能够带来两个显著的结果：一方面，可以有效地控制和降低成本；另一方面，可以让财务人员摆脱烦琐的基础工作，获得更多的机会，进而改善财务服务的质量。通过财务共享，企业可以更有效地提升内部财务效率，让财务人员不再受到重复核算的束缚，而是专注于财务分析，从而提升企业的整体竞争力。

1. 财务共享服务的基本内涵

通过信息技术，财务共享服务为企业提供了一种全新的财务管理模式，它以市场视角为客户提供专业化的财务信息服务，从而推动了网络经济和企业财务管理的发展。通过采用统一的规范，可以实现业务流程的标准化设计和有效管理。利用信息技术的数据整合收集功能，将企业流程中的各种业务信息进行汇总、分析和处理，从而实现企业成本的降低、服务水平的提升、业务处理效率的提高，从而构建一种专业化的作业管理模式。

通过整合多个部门的财务会计处理，企业可以更好地控制其在全球范围内的业务，从而使其能够在一个统一的服务中心完成复杂的财务管理任务。这个系统为企业内部提供了高质量、高水平的服务，并以信息技术为支撑，实现了一致的流程管控。通常来说，财务共享中心是一个单独的组织，拥有自己的运营机制。通过采用先进的标准化作业流程，财务共享服务中心可以为客户提供更加优质的财务信息。通过建立财务共享服务中心，可以更加高效地完成会计业务，并且能够更准确地处理财务数据，从而大幅度降低运营成本，提高工作效率，为企业的发展打下坚实的基础。

2. 财务共享服务的发展历程

财务的演变可以追溯到三次重大的变革。卢卡·帕乔利的复式记账法标志着会计电算化的第一次革命，而随着计算机技术的普及，第二次革命也随之而来，这一革命得益于互联网和通信科技的发展，使财务工作可以实现远程操作，管理模式也发生了巨大变化，从而推动了财务共享服务的发展。

在 20 世纪 80 年代，欧美国家的企业首次尝试了共享服务，2005 年，中国也开始了这一尝试，并在此后的 11 年里，大型企业集团纷纷建立起财务共享服务中心，以此来实现企业财务管理的转型，重塑流程，支撑企业的经营和战略发展，取得了重要的进步。

随着科技的飞速进步，第四次财务变革已经深刻地影响了会计行业的各个领域，其中包括人工智能、大数据和云计算等新兴技术，为财务共享服务提供了三个重要的发展方向。第一，随着中国经济的发展，越来越多的企业开始走向全球化，这将为中国带来更多的全球性财务共享服务中心，并且推动了国际化的管理理念和模式的普及。智能化是第二个发展方向，它可以帮助我们更好地处理重复、数据性、可量化和计算的信息。财务信息系统将实现更广泛的连接、更自动化的流程、更智能的分析。未来，财务部门将具备更强大的洞察力和解决问题的能力，为企业带来更多的价值。随着企业集团全球化多元化的发展，财务共享服务将朝着 GBS 的方向发展，涉及各个领域，将价值链的辅助活动整合到一起，这也是未来实现 GBS 的必经之路。

### （二）财务共享服务的框架

实施财务共享服务是财务管理领域实现变革的关键，它不仅是一次重大的转型，而且需要一个完善的、系统的框架来支撑和促进这一变革。

通过构建一套完整的财务共享服务框架，实现对企业内部和外部的全面覆盖，从而实现有效的财务管理和协调。重新构建财务共享服务的框架，涵盖了六个关键领域：战略规划、业务流程、团队结构、信息技术、运营控制、风险应对和变革。

通过制定明确的战略，可以确保财务共享服务中心的发展方向和实施的行动计划能够有效地帮助企业达成其经营目标。随着市场竞争的加剧，各个企业在财务共享服务方面的战略目标和运营目标都在发生变化。例如，许多公司正在筹备财务共享服务中心，旨在通过降低成本、提高风险控制能力和进行财务管理的转型来提升公司的竞争力。通过财务共享服务，可以大幅提高财务流程效率，节省人力资源，实现数据自动化和独立性，并不断改进和发展财务管理模式，以实现建设目标。

通过有效的业务流程，可以将多种活动结合起来，从而提高效率，并且有助于实现财务共享服务的目标。组织和人员都是在流程的运作中实现自身目标，而流程的标准化和统一则是实现共享服务的关键，它不仅能够为企业提供战略性支持，更能够以客户价值为导向，通过合理配置企业资源，满足各项业务需求，最终实现企业的目标。通过采用专业化的分工，财务共享服务可以有效地提升各个流程的效率和质量，并且可以建立一种流水线式的工作模式，从而实现更加高效、快捷的运营。

信息技术是实现财务共享服务的关键因素。信息技术的进步为我们的生活带来了巨大的变化，并且是实现财务共享服务的基础和必要条件。随着科技的发展，数据已经能够在不同的地方进行有效的交流和共享。如果要让财务共享服务更加高效，就必须充分利用信息系统，并且正确地运用它们之间的协调作用。这样就可以将不同的模块有机结合起来，从而促进数据的流动。随着信息技术的发展，ERP 系统（ERP）、影像管理系统、网络报销系统、银企互联系统等各个模块的技术支撑已经发挥了至关重要的作用，它们为财务共享服务提供了强大的支撑，使其发挥出最大的价值。

### （三）财务共享服务流程

财务核算是一个复杂的系统，它们之间通过数据交互传递形成共享服务，其中总账管理是核心内容，它与应收、应付、资产、成本和资金管理流程相互联系，在各自处理业务的过程中，形成账务处理痕迹，记录数据信息，最终通过过账，进入总账管理的循环。建构任何新的模型都必须依赖于共享服务流程，因此这一概念成为本书的理论基础。

1. 应付管理流程

应付管理流程是企业日常运营和财务决策的重要组成部分，负责协调和处理相关事务。它通常被认为是财务共享服务的核心，因为它能够帮助企业更好地控制和管理各种费用和支出。这些流程通常包含收集发票、处理数据、支付账单和提供客户服务等环节。

第一，使用条形码扫描技术和影像技术来接收和扫描实物发票。然后，相关人员会对发票进行整理和检查，以确保它们包含了所需的信息。第二，利用影像技术，将发票的信息和数据传输给审计人员，他们会仔细检查这些信息，确保它们满足审计要求，同时，会对付款信息进行复查，如果出现异常，则会返回原审计机构，最终，这些付款信息会被输入 ERP 系统，从而实现相应的账务管理。第三，用户的付款信息将经过精确的处理，以满足网络银行的要求，并且可以通过与银企之间的协作来实现快速、安全的支付。通过建立一个开放的共享服务中心，可以为内外部供应商和相关人员提供便捷的咨询和查阅服务。

2. 应收管理流程

企业应该通过应收流程来建立与客户之间的财务联系，并确保收入的实际收入。

第一，通过订单管理系统，可以收集客户的订单，并通过人工输入或图像扫描的方法对其进行分析。我们会把与订单相符的合同信息输入到系统，以便收集、整理和分析相关的重要信息，为未来的共享服务系统和 ERP 系统提供有效的数据支撑。第二，根据客户提出的发票要求，将根据合同规定提供纸质或电子发票，并且在满足收入确认标准之前，将完成对发票与收入的确认，以便将其转化为有效的财务记录。第三，在收到客户的付款通知后，财务共享服务中心将对形成的银行收款记录进行审核，以确保已收款的金额符合预期，并完成相关的会计处理。为了确保财务准确性，应该定期与客户进行核算，以防止不良债务的发生。

3. 资金管理流程

通过采用资金管理流程，企业可以实现资金的集中管理和自动化处理，这对于多法人的大型集团公司来说是非常有效的，可以显著提高资金管理的效率，并且有助于加强资金管控。重要的是要认真管理资金账户，这包括审核、划分、监督和评估；通过建立银企之间的互联网，利用先进的技术和管理手段，打破封锁的渠道，有效地传输和保障支付数据的安全性；重新组织票据流程，以最大限度地利用企业集团的融资能力和资金流动优势；采用先进的资金管理技术，对集团内部的财务状况及其变动情况进行全面的监督，以及根据集团的实际情况，精准地进行财务流动性的分析。

4. 资产与总账管理流程

通过资产与总账管理流程，可以实现从采购到盘点的全部操作，包括但不限于：输入相关信息、审核验收文件、制定折旧标准、实施折旧计算；总账流程旨在通过对一个会计期间的各项业务进行全面的管理和控制，包括但不限于：日记账的录入、复核、重估、结账，以及最终的报告出具，以确保财务信息的准确性和可靠性。这一过程的实施，将有助于企业更好地管理财务状况，提高财务管理的效率和质量。

### （四）财务共享的基本方式

1. 财务共享的内容

通过财务共享中心，可以实现财务流程的优化、一致性的工作流程、统一的财务处理标准、先进的财务系统和管理模式，以及有效的财务协同，从而提升企业的竞争力，实现高效率、低成本的发展。通过实施财务共享，企业可以更好地协调和管理其子公司的财务工作。财务处理过程可以划分为以下主要步骤：首先，进行基本的核算，包括收入、费用和资产的管理；除了进行内部审计、撰写预决算报告和进行财务风险控制外，还需要重视对公司的其他方面的管理。在企业的战略规划中，最重要的职责之一就是制定全面的目标和方向。为了更好地协调企业集团的财务状况，建议根据公司的具体情况，合理安排财务共享的项目。随着企业集团推出财务共享服务，总部和其子公司的财务管理模式也发生了重大的调整，从而使其管理职责得到更好的完善。

当前，我国企业集团的财务共享中心正处于发展的关键阶段，其主要职能是进行基础的核算，为企业提供财务业务支持，编制报表和预算，并实施有效的执行和控制；作为公司集团财务管理的核心部门，集团财务部负责评估整体财务状况，并对企业的财务决算进行全面监督，以实现对财务状况的评估、领导和决策；各财务部负责根据公司的实际情况，制定日常经营决策，以确保公司的可持续发展。

2. 财务共享的信息使用者

通过采用云计算技术，企业不仅可以降低成本，还能够实现财务信息的共享和流通，从而大幅提升企业的运营效率。两类人群是企业的财务共享的信息使用者。第一类是公司的员工，包括高级领导、中级管理人员以及普通员工。第二类是企业的外部合作伙伴，包括投资者、政府机构、媒体、供应商和顾客。

企业可能会招募那些有可能与其建立联系的人或组织，这些人或组织就是潜在共享者。潜在共享者与真正的共享者有着许多不同的特征，例如：可能是投资人、可能是政府监管机构、可能是社交媒体和商业活动。

使用者可以根据自身的权限来获取财务共享信息，以便更好地管理和控制资源。企业集团采取财务共享的方式，将内部资源共享给所有成员，通过内部网络登录账户，实现信息的共享和交流；政府监管部门利用与财务共享中心的网络连接，对企业集团的财务信息进行全面的审查和监督，以确保其合法性、真实性和完整性；对于其他共享者而言，他们获取信息的主要方式是通过财务共享服务中心的外部渠道，以获取更多的信息。

3. 引入云计算的必要性

企业集团通过财务共享来提供服务，这些服务主要面向集团内部的公司，这些公司数量众多且类型繁多。云计算的强大计算能力使其成为一种革命性的技术，它的服务器容量达到了史无前例的水平，可以支持多个客户端的计算，并且允许各家企业在不同地点访问财务共享中心。云计算可以让用户无论身处何处，只需要一台能够连接互联网的电子设备，就可以轻松获取来自云端的资源，从而实现无缝的服务体验。由于其他因素，财务共享中心可能与其他企业的业务和财务部门没有直接联系，甚至可能遥遥无期。云计算技术为企业集团的下属公司提供了更加便捷的访问方式，使他们能够更有效地访问本企业集团内部的共享服务中心，从而大大提高了财务处理的效率和效果。

为了实现集团内部财务问题的共享，企业集团需要建立一个财务共享服务中心，这需要配备相应的硬件和软件，以满足高峰时期的操作需求。然而，由于这些设施成本高昂，往往被忽视，无法发挥其真正的价值。随着云计算的普及，集团对财务共享中心计算机硬件设施的需求大大减少，不仅可以节省企业的一次性投资，而且还可以免除软件的安装、更新、升级和维护等烦琐步骤。

随着时代的发展，传统的技术已无法满足当今企业财务管理的需求，因为它们无法及时响应外部环境的变化，并且由于成本过高，无法满足企业的实际使用。相比之下，云计算的小额费用可以大大减少企业在信息化方面的投资，从而更好地满足企业的需求；随着技术的进步，云计算具有极大的灵活性、快速响应性和高效性，可以帮助企业解决复杂的挑战，满足不断变化的市场需求，并实现创新的商业模式。通过改进企业的战略和业务流程，能够提升效率，增强敏捷性，使企业在激烈的市场竞争中保持领先地位，并在不断变化的环境中生存和发展。

通过利用云计算技术，企业集团能够更好地构建一个完善的财务共享服务体系，从而使下属公司和员工能够在任何时间和任何地点都能够访问这个平台，同时也能够在处理财务业务时实现实时协同。云计算技术不仅能够满足财务共享中心的需求，还能够为企业集团的各种深度、多样性和全面性的共享活动提供技术支撑，从而更好地推动企业发展。通过改善组织结构、优化运营流程、实施全面的价值创新，来推动企业的发展。

## 二、财务共享实施方法论体系与项目管理

### （一）SPORTS 方法体系

SPORTS 模型是一种非常有效的工具，它可以帮助企业更好地规划和评估共享服务中心的建设和运营，并且可以帮助企业更好地理解其中的核心因素。它不仅可以帮助企业更好地实现共享服务中心的建设和运营，而且还可以帮助企业更好地管理和控制其资源。

SPORTS 模型为共享服务中心的建设提供了六个关键方面的支持，它不仅可以覆盖财务共享服务中心的各个关键领域，而且可以在整个建设过程中，从规划、详细设计、实施准备、试点实施、推广等环节发挥作用。在进行长期运营时，必须充分考虑各种因素，如果忽略了这些因素，将会严重损害共享服务中心的实用性和可行性。

1. 场所（Site）

对于共享服务中心的初始设施需求，将提供一个适宜的运营环境，并且设置必要的设备，以及建立一种具有独特文化氛围的环境。选择合适的地点是共享中心发展的关键，它不仅能够提升员工积极性，还能够提高运营效率，从而极大地提升共享服务中心的经济价值。

2. 流程（Process）

FSSC 的流程规定了不同的任务、不同的部门、不同的改进机会，并且为共享服务中心和业务单位提供了一种全新的协同合作模式，以实现更高的绩效目标，满足员工的需求。它构建了一个完整的操作框架，并且对其他各种因素产生了深远的影响。由于共享服务中心将职责划分为不同的部门，这有助于构建更加灵活的组织架构，并为未来的角色定位提供了可能性。

3. 组织和人员（Organization）

通过重新审视组织结构确定新的岗位安排和职责。员工对自身在组织架构中的角色有着深刻的认知，这对于财务共享服务中心的成功运作至关重要。这需要有能力的人在合适的时间、环境中完成正确的任务。

4. 法律及规章（Regulatory&Legal）

法律法规的要求对财务共享服务中心的运作模式有着重大的影响。为了确保法律和规章的执行，需要建立一个合理的法律实体结构，以便有效地防范财务风险，并获得政府的政策支持。

5. 技术（Technology）

随着科学技术的发展，需要探索新的技术和基础设施的可行性。一个成功的共享服务中心需要建立一个能够支持其运营的共同或相关的系统平台。当前系统的复杂性可能需要一个有效的方法来实现整合，这可以通过采用中间件技术或其他方式来实现。

6. 服务关系管理（Serivce relationship management）

重新构建管理架构，确保关键服务水平符合协议规定，并实施合理的价格和收费机制。通过服务管理可以更好地建立和维护共享服务中心与各个业务部门之间的联系。强调了企业在法律上的地位、提供的服务，并且提出了必须建立的收费体系和架构。

使用 SPORTS 模式分解 SSC 建设的关键因素如下：

（1）S（场所）

随着建设财务共享服务中心的推进，财务组织结构发生了巨大的改变。原先的财务部门可能只剩下少数几名工作人员。这些工作人员将搬到共享服务中心的新址。不管搬迁的计划是什么样的，搬迁的目的地的选择都会对搬迁的整体效果产生重要的影响。

在未来，选择合适的共享服务中心位置将会极大地影响到共享服务的收益和效率，因此，应该采取全面、科学的方法来确定最佳的位置。

一般来说，谨慎的选址决策需要考虑以下几个准则：

第一，应该遵循就近原则，选择的地点应尽量与企业的其他业务中心保持接近。

第二，以客户服务为核心，通过与“顾客”的地理距离，能够更好地了解“近在咫尺”，并且能够让业务单位在任何时间和任何地点都能够获取所需的服务。

第三，重视成本：除了第一期的投资，也要考虑未来的经济效益，比如房屋租赁、人工费用等。

第四，劳动力素质最优化（也包括该城市的素质）：即其电信基础设施和其他城市公共设施的发展，特别是电信设施。因为网络技术对于服务共享服务中心来说至关重要，所以在选择合适的地点时，电信基础设施的状况将会成为一个非常关键的考量因素。

以上述原则为指导，企业在评估选址时，可以将企业关注的选址相关决策因素以权重从高到低的方式搭建选址决策的结构化模型，通过参数化的输入方式获取具有相对量化数据的选址结果建议。

在构建全球范围内的共享服务中心热点地区企业的可量化共享服务中心选址模型时，可以采用以下步骤和策略，以便有效地将相关因素及其影响进行标准化，并基于此进行定量评估：

第一，确定备选城市：根据共享服务中心建设热点、企业现有的业务分布，以及结合企业战略规划挑选 FSSC（财务共享服务中心）选址的备选城市，以中国为例，可以参考国务院批准的“中国服务外包示范城市”中的“西安、成都、大连、广州、哈尔滨、上海、天津、武汉、北京、重庆等”，而如果从全球的视角看，则可以考虑传统的热点城市，比如班加罗尔、马尼拉、新加坡等。

第二，确定分析维度：常见的维度主要有迁移成本和风险（员工迁移成本、涉及企业数量、员工迁移意愿、企业人数、建设期沟通成本）、运营成本和风险（预计人员薪酬水平、办公设施营建与使用成本、应急处置成本等）、人力资源（教育资源的分布情况、专业与语言人才的充裕度以及人员的素质情况）、基础设施（现有的设施利用率、交通便捷性、网络设施情况）、社会环境（语言、安全、风土人情等）、法律法规等（政府政策优势、税收优惠等）。

第三，分析维度并进行评分：以量化指标的方式对上述维度进行评分，并结合权重得出相应每个城市的得分。

第四，选出评分最高的城市：根据不同备选选址城市方案的综合得分结果输出最终提交管理层决策的城市。

渣打银行在选择共享服务中心的选址时，经过了全面的考察，包括城市的劳动力素质、基础设施、电信能力等，并结合每年的营运成本，最终确定了马来西亚的瓜拉和印度的金奈，以确保共享服务中心能够提供优质的服务。

（2）P（流程）

流程是企业运作的基础，它将各种信息和数据按照特定的规则传递给不同的部门，以及每个部门之间的交互，最终形成完整的结果，为企业的发展提供了强大的支撑。通过有效的流程，企业可以实现跨部门、跨客户、跨职能、跨供应商的高效协调与配合。流程的运转可能会涉及实物、资金和信息的流动，如果不能顺利进行，将会严重影响企业的正常运营。

流程共享是共享服务的核心。在共享服务中心的建设过程中，将不断对现有的业务流程进行分析、识别、改善和优化，以便 FSSC 的业务和财务流程实现最佳效果。通过对财务共享服务的规范化、科学化管理，可以有效地推动其高效运行，从而为实现信息化奠定坚实的基础。为了确保标准化的流程得到有效的实施，避免任何偏离正轨的情况发生，这一挑战对于财务共享服务中心的中介咨询商和中心建设管理者来说至关重要。

因此，应该重新审视企业的财务流程，以确保它们的严谨性、统一性、简洁性和有效性，并建立一套符合实际情况的标准化流程。通过“端到端”的优化设计，我们正在努力构建一个完善的财务共享服务中心，旨在将所有的流程都纳入其中，从而达到最佳效果。

为了更好地满足未来的需求，需要根据“采购到付款流程”“费用报销流程”“固定资产全生命周期管理流程”等典型的共享服务模式，重新设计流程，减少票据的传输，加强信息与实际票据的匹配，完善员工与费用的审查、审批程序，并制定有效的业务规则，从而提升流程的风险管控能力，并且精简复杂的流程。

（3）O（组织和人员）

毋庸置疑，组织和人力资源的有效管理是共享服务中心能够顺利运行的关键，因此，许多企业在构建共享服务中心时，必须重点关注组织结构、流程设计以及团队建设，只有这样，才能使共享服务中心达到预期的运营效果。

根据不同的业务需求，共享服务中心将其划分为专业小组和支撑性小组，并配备具备相应技能的人员，以此为基础，为多个组织提供财务服务，是共享服务中心组织建设的核心任务。

通过运用组织变革理论和人员配置测算技术，可以有效地满足企业的业务需求，实现企业的发展目标，同时也可以帮助企业制定可行的变革路径，确保企业的发展规模，并且可以根据实际情况合理安排企业的招聘、培训、管理等工作。

在组织与团队建设的过程中，为了更好地匹配业务需求并提供对业务流程有效的人力资源支持，我们往往需要借助一定的组织变革理论和人员配置测算方法辅助完成组织变革目标的设定、组织变革路径的规划以及预计人员配置规模的计算、人员的招聘及培养方式的规划和执行等。

（4）R（法律及规章）

在进行企业财务共享服务中心的建设过程中，应积极探讨财务共享服务业务所涉及的财政、税收等法律法规并提前预备应对措施，确保在法律法规允许的范围内进行财务共享服务中心的业务运作。如果没有充分考虑政策法规，可能会造成企业财务共享服务中心项目建设中很多流程无法进行正常的操作或是减弱共享的优势。

设计分 / 子公司与共享服务中心合理的关系对于共享服务中心的落地运营有着重大的意义，分 / 子公司的大部分转到共享服务中心后，如何与本地的业务部门衔接，如何与当地法律、税务机构衔接，是否存在语言、文化、法律的差异，这些差异如何解决是共享服务中心规划需要重点考虑的问题，尤其是对于涉及跨国业务的跨国企业的财务共享服务中心更应当投入足够的时间以便对范围内的相关业务涉及的法律、规章进行充分的应对。

（5）T（技术）

由技术驱动的业务和流程自动化是打造世界级共享服务组织的最佳实践（世界级的定义是指在效能和效率都超越同等企业的共享服务组织）。哈克特集团（网络咨询公司）据 2008 年共享服务绩效报告显示，与同类企业相比，世界级共享服务组织都将业务和流程的自动化视为追求卓越中心的手段。

进入 21 世纪，许多著名的软件公司纷纷推出 BPM 等流程管理软件，帮助企业更有效地实现内部流程的在线化操作，从而极大地提升了企业的工作效率。

BPM不仅可以帮助企业对业务流程进行设计、建模、自动执行、系统集成，还可以对其进行监测、分析，从而有效地改善和优化业务流程，使得更多的企业可以利用BPM的技术实现更加高效、可靠的工作流程。

通过引入多种核心管理应用，如综合报账平台、电子影像和档案管理、集成资金和税务管理、集中的服务绩效管理，使财务共享服务中心的业务能够得到更加有效的控制和管理，从而实现更高水平的自动化。

此外，随着最近这几年互联网技术和应用的迅猛发展，企业共享服务的交互模式、费用报账的技术手段层出不穷，这也为未来的共享服务建设和运营从技术层面带来了新的气象。

（6）S（服务关系管理）

作为共享服务中心交付的主要“产品”——服务，在它被提供或交付的过程中，有效的服务水平以及服务的提供方与接受方的适当的关系管理在提高持续的服务质量与客户满意度方面均具有重要的意义。因此，服务水平协议（Service Level Agreement，SLA）在共享服务中心运营过程中作为指导服务方和被服务方服务和结算标准等服务关系管理方面，作为一种行之有效的手段而被普遍应用于运作财务共享服务中心之前，它能够帮助共享服务中心建立一个明确的服务水平标准，从而更好地指导服务提供者和被服务者之间的服务关系，并为未来的业务评估提供一个可靠的参考，从而使得共享服务中心能够更加高效地运营，更好地满足客户的需求。通过不断改进和完善可以持续提升客户满意度。

围绕服务水平协议的服务关系管理的核心叙述如下：

第一，服务的内容及前提：通过条款化的阐述明确共享服务中心提供服务的范围并对每一项服务进行详细界定，对提供服务的输入（如制度、规范、要求等），以及提供服务所采用的系统、工具、周期要求等同时清晰界定。同时，还需要对服务的前提，以及“顾客”的许诺进行要求，即对服务接受方的约束或对服务接受方需要提供的协助也加以清晰地界定。

第二，服务水平评估：在确定服务水平协议时，必须由财务经理、集团财务总监和共享服务中心负责人达成一致意见，以便获得最终的结论。服务水平的评估要基于每个标准流程的流程控制点，包括事后的业务反馈。

第三，服务收费标准：收费标准主要基于流程的复杂程度，流程的重要程度及流程操作的工作量。随着流程的变化，需要在每一年对其进行重新审视、重新评估。具体原则是收费标准不能超过其原本的财务人员总体成本支出，毋庸置疑，被服务企业原有财务团队资源的运营成本是共享服务中心收费的上限。

第四，服务结算方式：共享服务中心的服务结算方式可以根据企业管理的诉求，以及企业集团下属成员企业的法律属性不同而不同。例如，对于同一个法人提供的服务，将以费用分摊的方式进行。对于向不同法人提供的服务，可以以劳务服务的形式进行公司间的结算（包含开票和收款等）。

完善的财务共享服务中心将为业务部门提供更加便捷的服务，从而替代会计人员的核算和监督工作。一旦双方建立了合作关系，就必须通过一份双方都认可的协议来明确责任和权利，因此，服务水平协议不仅仅是一种约束，更是一种尊重，是确保双方共同受益、共同分享的基础。

案例：IBM 财务部门业务转型的启示。

2012 年 2 月 6 日，IBM 公司发表声明，将其最新的 IBM 业务分析解决方案应用到其财务系统和资产管理部门，旨在提升全球统一的企业级报销系统、智能化的资产管理系统和服务应收账款管理系统，以期实现财务流程的变革，最终实现 2015 年的业绩提升、预测准确性、企业风险管理和业务决策的改善。

首先，IBM 财务转型：从管理到分析。

根据 IBM 的调查结果，企业首席财务官的角色在过去 10～12 年发生了巨大的变化。随着《萨班斯·克斯利法案》的出台、全球金融市场的迅猛发展以及突如其来的金融危机，首席财务官的职责已经从单纯的财务管理转变为对企业整体的领导，这也推动了企业财务转型，通过有效的财务流程，管理企业的现金流、偿债能力、信贷风险等绩效，并利用深度洞察支持策略制定，将资源投入到可持续发展的领域。

但是，对于跨国企业来说，进行财务转型将带来重大的改变。他们都面临着类似的挑战：由于地域和部门的差异，使用的报销管理系统和流程存在差异，数据来源和结构也有所不同，这些信息之间存在着明显的隔离；用户必须通过严格的培训才能够熟练地操作一个系统，而跨系统财务分析则是一项极具挑战性的任务。1994 年，IBM 的财务系统被拆解为多个独立的部门，其中包括众多的财务专业人士，而且其中一些数据中心和应用程序已被长期使用。

IBM 近年来一直在努力实现转型，以满足其战略目标。为此，公司成立了全球首席财务官，将财务管理纳入一个完善的企业战略框架，并建立一个由决策者领导的系统，以实现对数据的有效利用；通过引入混合式的财务模式，可以充分利用集中财务管理的规模效益、严格的质量控制、丰富的核心技术以及各个业务部门的独立性、灵活性和及时性，从而实现更高效的财务管理；随着 IBM 的不断发展，财务转型的步伐也越来越快，其中最明显的变化便是将其领先的业务分析解决方案与财务流程完美结合，使得财务人员的职责不再局限于管理，而是可以更加全面地开展数据挖掘与深度分析，以达到统一的标准。三大基础财务体系完美地展示出了企业的商业分析能力。

IBM 已经采取了大量措施来满足其全球性的转型要求，其中包括完善的全球报销系统、实施先进的资产管理技术以及实施高效的服务应收账款管理系统。通过使用 Cognos、Clarity Systems、Open Pages、SPSS 等 IBM 公司的顶尖业务分析软件，企业可以更有效地完成财务计划、预算、绩效管理、非结构化报表的制定，并且可以更好地控制操作风险，最终实现从传统的财务数据分析到更加精准的业务分析的转变。

IBM 全球报销系统拥有一致的工具和体系，可以为 IBM 的 40 万员工提供“端到端”的报销管理和报表系统，并且采用全球统一的标准和规范，以更有效地控制费用，并且可以实现跨部门数据的共享和交流。IBM 一直在利用先进的技术，将其内部的财务数据进行整合，并利用多种数据立方体的形式，提供可靠的查询和统计报告。通过使用 Cognos 这一业务分析工具，可以将众多的数据集中起来，从而提高效率，并且减少对第三方软件的需求，降低维护成本，最终实现策略与账户的统一。通过使用两个数据立方体，可以轻松完成过去 16 个第三方软件的工作量，并且可以实现实时的数据抽取和计算，同时还可以将数据加载时间缩短 80%。

自 20 世纪 80 年代以来，IBM 资产管理部门就开始采用自动化技术来改善内部流程，以提高效率和效能。“卓越中心”企业现金管理是一项在过去 10 年中在爱尔兰、斯洛伐克、新加坡和巴西推出的重要财务管理工具。为了满足公司发展需求，财务部门采用了一种新的业务分析解决方案，能够实时监控公司的现金流情况，并对公司的资产进行有效的配置和预测。通过数据集中管理，可以更有效地实施审计追踪，而且不需要改变原有的Excel应用界面，使用户更加便捷地进行交互和协作。新系统大大减少了业务人员的数据输入，使他们能够更加专注于高附加值的任务，从而提升工作效率和质量。

通过服务应收账款管理系统，IBM可以实时跟踪各部门签订的合同，并对未来提供的专业服务进行统计分析，从而帮助高管们更加精准地预测服务收入，并将其呈现在财务报表中。通过其全球统一的界面，可以更加有效地追踪服务应收账款信息。使用这个系统，可以随时了解与客户业务有关的信息。利用业务分析软件，财务部门能够从多个角度，如地理位置、产品类型、行业特征等，对服务应收账款进行全面的分析，并且能够自动生成服务合同的完整文档，同时还能够提供统一的数据分析和报表视图，从而有效地减少系统的维护费用，同时也提升了系统的可靠性。

其次，IBM业务分析技术让企业更智慧。

IBM不仅将先进的业务分析技术应用于其财务体系的转型，而且还在为各行各业的企业提供“洞察力”，以帮助他们获取更有价值的信息。中国最大的酒店集团之一的汉庭酒店已经成功地采用了IBM中Cognos的全面预算管理系统，这种系统不仅可以有效地减少财务管理的时间，还可以有效地提高企业的效率，并且可以为企业的发展提供强有力的支持。

IBM不仅在财务领域取得了巨大成就，而且还将其先进的业务分析技术应用到更多的行业和市场，为众多企业提供智能化的洞察力，从而促进业务的发展。企业们利用最新的统计分析、数据挖掘、战略协调、业务决策等高端BI，以及Cognos部署的安联全球救援业务分析智能系统，实现了技术的飞跃，使得安联全球救援（中国）在全球道路救援服务领域处于领先地位，为客户提供了更加智能化的决策支持，从而更好地满足客户的需求。通过改进和创新，我们希望能够大幅提高中国汽车和道路救援行业的整体水平。济钢集团有限公司采用Cognos技术，大大改善了企业的精细化管理，极大地提高了决策的准确性，并有效地降低了运营成本。

### （二）财务共享服务中心建设项目管理

#### 1. 纳入共享服务中心的业务选择

通过建立共享服务中心，企业可以更好地整合内部资源，并且能够更灵活地运营和提供服务。这样，企业就能够更好地适应新的商业格局，并实现业务的共享化。

通常优先考虑共享的业务应当具有以下特征：

（1）大量的、重复性

通常情况下，在进行财务记录时，需要使用多份凭据，例如，费用报销单、资产折旧单、资金支出单、生产收发料单等。然而，由于这些凭据的数量众多且重复性较强，因此需要谨慎处理。

（2）能够被标准化

IFRS HIFS（国际财务报告准则）和 GAAP（公认会计准则）都强调了会计处理的标准性，使会计信息的共享和交流变得更加容易，从而使许多企业能够更加便捷地实现财务信息的交流和共享。

（3）具有一定流程性

通过精心设计的流程，费用报销可以更加高效地实现，每个参与者都可以明确自己的职责，并且可以根据不同的情况，采取最佳的措施来实现最佳的结果。

因此，基于上述特征，提出了一个业务共享成熟度的概念，以此作为评估体系，以便针对特定企业，根据不同的业务成熟度，确定哪些业务适合被纳入共享服务的范畴，或者采取怎样的步骤分阶段地纳入共享服务的范畴。

在财务业务中，一般性和交易性的流程往往具有较高的共享成熟度，因此它们被广泛应用于共享服务。然而，对于那些管理复杂的流程，由于需要更多的现场沟通和业务财务衔接，它们往往会留在业务单元本身。

应付账款、员工报销、应收账款和总账都已经被纳入共享服务中心，它们的比例超过了九成。此外，总账、固定资产会计和收入会计（盈利性会计）的比例也非常大。然而，成本管理因为它的业务特点，需要更多地参与到业务的前端，同时还需要更多的管理和分析时间。由于这个原因，成本会计的共享工作的比例相对较少。

需要注意的是，以上我们谈得较多的是事务性的共享，所谓的事务性（Transactional），主要是指涉及的工作具有大量、重复以及技术复杂度相对较低的特点，具有事务性特点的财务业务通常容易被标准化和流程化，因而也具有较高的共享成熟度，而对于一些具有一定复杂度或者具有一定偶发性的工作，比如政策研究、预算、税务、M&A 等类似的工作，在许多企业是以专家服务或者卓越中心（Center of Excellence，COE）的方式进行能力共享的，这样一来共享服务在财务的应用领域将进一步被拓展。

2.FSSC 项目实施的推进建议

在企业财务共享服务中心建设和运营的实践过程中，多数企业都遵循着项目管理的基本理念，即按照项目从规划到实施再到持续运营的基本顺序推进 FSSC 从组织变革、流程变革到信息系统变革的有序落地，本书建议企业在建设 FSSC 过程中采取以下四段式阶段划分来推进项目的建设：

（1）FSSC 项目前期准备

在建立和运营企业财务共享服务中心的过程中，许多公司都遵循项目管理的基本原则，即按照项目的发展顺序，从规划到实施再到持续运营。从一开始就要全体成员参与，并不断宣传和推广。

在项目前期准备阶段，重点是确定财务共享服务中心建设的宏观目标，制订实施步骤和方法，明确各个阶段的工作要点，确定相关责任方，并制订项目章程初稿。同时，本阶段还应当讨论并输出企业软件平台、外部实施厂商的选择标准并组织推进相关招标、采购工作。

作为项目正式实施的前期准备，该阶段除了需要完成上述工作外还须同步形成企业内部有关财务共享服务中心建设与运营的长效化沟通机制，因此必要的项目组织结构、项目沟通方法等也须在本阶段提前予以明确，同时财务共享服务中心建设的目标、相关工作要求等建议也应在本阶段及早展开。

在确定外部实施单位后，还须落实项目实施相关的详细沟通及准备工作，具体包含针对参与的双方项目经理以及核心成员的面试、工作场所准备、软硬件环境准备、双方实施人员的联络表和工作职责、双方实施人员的考核办法、软硬件环境清单、实施单位实施人员安全管理培训、保密协议、项目总体计划、沟通流程（沟通形式和汇报流程）等，该项工作的结束以项目启动会的召开为标志。

（2）FSSC 业务设计阶段

业务设计阶段将完成整个财务共享服务中心最为关键的统筹规划、选址、信息系统选型、业务流程梳理等关乎该项目成败的相关工作。通常情况下，一般企业不具备独立完成该项目的能力。为确保项目成功，可选择合适的咨询服务公司提供相关的咨询服务。

公司高层首先应确定项目的周期、实现目标以及项目总预算，以便在具体实施上达成目标。项目组成员围绕该目标制订方案，包括确定项目推进计划，各项工作负责人，分解预算。同时，方案中须明确财务共享服务中心的组织结构关系，以及各业务线的汇报关系等。通常情况下，财务共享服务中心都应作为企业一级机构，避免其沦为辅助单位。财务共享服务中心可根据业务下设总账、应收、应付、费用、资金结算、档案管理、资料收发等二级部门。必要时，也可将系统管理组纳入财务共享服务中心，负责财务共享服务中心所用的财务系统、资金管理系统等信息系统的管理与维护。

共享服务中心业务设计阶段的核心工作是完成从分散财务到共享服务中心模式下的财务组织转型设计以及配套的流程设计。该阶段通常又进一步划分为整体规划与详细设计两个子阶段，以确保相关业务设计由高阶到详细的逐步推进。

财务共享服务中心整体规划主要工作如下：

第一，通过调研，深入了解企业的业务发展战略、财务职能的发展方向、集团与子公司财务的组织架构、职责职能、财务信息化等现状，并结合实际情况，提出有效的建议，以期为财务共享服务中心的发展提供指导，并着重关注核心问题，制定出有效的解决方案。

第二，设计财务共享服务中心的整体运营模式、服务管理框架、质量管理机制、流程框架、实施路径及共享选址建议。

第三，对共享服务相关流程所涉及的一些核心领域提出配套解决方案。

财务共享服务中心详细设计主要工作如下：

第一，设计财务共享服务中心内部组织架构及关键岗位职责，设计岗位主要考核指标。

第二，设计纳入财务共享服务中心的业务流程，并提出信息系统改造的高阶业务需求。设计财务共享服务中心的服务标准、绩效报告模板。

第三，为了更好地管理财务共享服务中心，建议制定一个人员配置方案，并指导企业设计出一个合理的人员结构，包括学历、知识结构和专业经验等。此外，还建议制定一套人员储备机制和相应的培训机制。

第四，设计财务共享服务中心试点迁移管理方案，包括迁移计划、迁移工具及方法。

（3）FSSC 系统落地阶段

系统落地阶段是指项目参与的相关方基于业务组织与流程梳理过程的输出，基于信息系统的配置、开发完成相关功能实现的过程。具体包括业务需求的分析、蓝图方案的确定、系统的配置开发与测试。该阶段工作的结束标志是项目团队完成项目需求的 IT 系统实施，并与信息部门、业务部门确定方案及功能的成功上线。

IT 蓝图设计：这一阶段的主要任务是基于业务需求分析提出共享系统实施的详细方案。经过项目组的深入探讨，可以清楚地了解到核心管理业务的需求，并且制定完善的 IT 技术解决方案，以便更好地支持企业的共享业务管理。

系统实现：这一阶段的主要任务是按照 IT 蓝图设计完成相关系统的配置、开发、测试。在此阶段将通过系统相关流程、方案的设计与功能的实施实现对企业未来共享业务进行系统层面的支撑，该阶段按照工作任务又可进一步细分为配置与开发、单元测试、集成测试等主要工作阶段。

上线准备与切换：本阶段主要工作报告是将经测试的系统配置、权限配置和系统开发传输到生产系统，并完成生产系统配置和程序的检查，同时还须协助业务人员准备和迁移正式生产系统数据，并完成最终用户培训、数据转换、系统切换上线工作。

上线支持：上线意味着共享服务中心 IT 系统正式投入运营，通常在正式运行的初期均会组建以实施顾问为主的外部实施公司、内部 IT 团队、关键用户共同构成的支持小组来完成上线后初期 1～3 个月内的系统运行支持，对于初期出现的系统功能问题进行集中、针对性的解决，确保系统在初期的有效、稳定的运行。

（4）FSSC 运营与提升阶段

当上述业务设计与系统设计均落地完成并且按照共享服务中心的迁移推进，计划部分试点单位已纳入试点运营后，运营与提升阶段即告正式开始。

在共享服务中心运营初期，涉及的相关组织与人员可能会出现诸多的不适应，此时尤其需要注意对运营过程中发现的各类问题要及时响应。通过业务实践检验新流程的合理性，对于严重影响业务的问题要立刻解决，不影响业务的问题要记录在案，并加以分析，以便提升。

大多数情况下，进入运营与提升阶段后，所有部门及员工都应依照标准作业流程，通过业务系统进行各项业务申报、审批。以员工费用举例：员工发生的费用发票等在装订或粘贴好后交给各单位资料收发岗。该岗位可由各单位前台或秘书等岗位兼任，负责定期通过快递方式统一将费用凭证寄给财务共享服务中心资料收发岗，如每周一次。财务共享服务中心资料收发岗则将相关凭证转给费用组进行审核并扫描进财务系统，然后将原件交给档案管理组归档。

员工需自行通过业务系统进行申报，各级业务线主管根据权限进行审批，各级财务线主管根据权限进行审批或监控。审批通过后，资金结算组予以付款，系统自动根据付款结果生成相关付款凭证，完成整个流程。

在此过程中，与旧有的方式相比较，员工无须关注财务共享服务中心设在何处，且无须逐个找人签名审批；各级领导无须面对众多的纸质单据；财务人员无须频繁往返银行；资料收发人员也可电话呼叫快递公司上门收件送件。该过程涉及的所有人均可实现足不出户、高效完成报销业务。其中产生的快递费用也因一次收发多笔而成本低廉，相较提高的效率和人力成本，几乎可以忽略不计。

随着企业的不断发展，在经过较长运营期的经验积累后，企业可以根据自身需要，对于财务共享服务中心的结构、人员以及流程进行调整。同时也可进一步丰富财务共享服务中心所能提供的服务。如税务、预算等高价值的、侧重财务管理方面的专业服务，即推进 FSSC 从会计为主的共享向财务管理并重的共享模式演进。

3.FSSC 建设与运营的风险与应对

（1）规划阶段

FSSC 规划阶段作为整个项目推进的方向性决策阶段，其重要性不言而喻，任何大方向上的偏差可能都将对后续的项目推进带来重大的影响。

（2）设计与实施阶段

在 FSSC 设计与实施阶段，项目的推进难度与工作量均达到高峰，由于资源、排期、变革等多方面的压力，出现方案的全面性、可适用性等方面缺陷的可能性较大，这些存在缺陷的方案和推进计划对后续的切换过渡与持续的运营都将造成潜在的问题。

（3）运营阶段

运营阶段是 FSSC 建设价值输出的阶段，所有前期规划、实施的方案和落地的系统均在此阶段投入正式运行，但是由于可能的变革转变不足或者风险应对不够，导致在运营期内仍然可能出现包括资源短缺、服务质量难以提高、服务效率提升困难乃至流程运行严重受阻等方面的问题。

4.FSSC 项目管理方法

作为典型的以项目方式推进的企业管理变革，在财务共享服务中心规划与建设阶段，可靠的项目管理方法对于保障项目的有效推进、相关变革价值的有效落地具有重要的意义。PMI 项目管理知识体系作为项目管理领域最为权威的知识体系在国际范围内被广泛认可和接受，我们建议企业在推进 FSSC 的过程中也应当以 PMBOK（《项目管理知识体系指南》）为蓝本，体系化地对项目管理的各个领域进行对应的管理理论上和管理实践上的支撑。

通过运用知识、技能、工具和技术，项目管理可以帮助企业实现其目标，并最终达到预期的结果。通过有效的管理和控制，可以实现知识的最大化应用。PMBOK 通过将项目的管理阶段划分为不同的项目管理过程组来明确不同过程组的管理重点，实现管理过程的有的放矢。

（1）启动过程组

通过授权，可以定义一个新的项目或现有项目的一个新阶段，并正式开始这个项目或阶段的一系列步骤。

（2）规划过程组

通过明确项目范围、精心设计目标并制订有效的行动计划，可以实现预期的结果。

（3）执行过程组

实施项目管理计划中的任务以实现预期目标，需要采取一系列有效的措施来实现。

（4）监控过程组

通过实时监控、评估和调整项目的进度和成果，及时发现可能的计划变更，并采取有效措施实施。

（5）收尾过程组

为了实现项目或阶段的完美结束，组织了一系列活动，以确保最终的成功。

通过各项目管理过程的协作，可以实现输出的有效整合，这与 FSSC 项目的分阶段划分有着截然不同的特点。项目管理的流程通常不会单独发生，而是会与其他阶段的工作交织在一起。一个成功的过程可以为另一个过程提供指导，或者为项目带来可观的收益。通过制订并实施有效的项目管理计划以及持续的更新，我们可以确保项目的顺利实施。

PMBOK 为上述五大项目管理过程组提供了清晰且完整的识别方法，对于有关五大过程组的识别标准以及相互之间的依赖关系，建议读者可以具体参阅 PMBOK，以下仅简要介绍这五大项目管理过程组的主要关注重点：

①启动过程组

启动过程组包含开始一个新项目或阶段的过程包括获得授权，确定该项目的开始时间，并开始执行这些步骤。在 FSSC 项目中，需要进行一个启动过程，以确定项目的初始范围，分配合适的财政资源，以及确认可能会对项目整体效果产生重大影响的内外部关联者，最终确定一位合适的项目经理，这位经理必须是公司高层管理团队的成员。应将所有信息记录在项目章程和相关人员登记册中。当项目章程被批准后，它就被正式授予了使用权。尽管 PMT 可以协助制定项目规划，但是在项目实施过程中，他们必须严格遵守项目的规定，并且获得资助。

将大型或复杂的项目按照其特定的步骤进行分解，是开展这些工作的重要组成部分。在这类项目中，需要进行一系列的启动步骤，以确保我们在制定项目章程和识别相关人员时所做出的决策是合理的。从项目的初步设计到最终实施，应该按照规划的目标，对所涉及的干系人的影响力及目标进行全面审查，以确保项目能够达到期望的业绩。接下来，需要决定是否继续、延期或终止这个项目。

②规划过程组

组织规划是一个过程，它旨在确定项目的总体范围，定义并优化目标，并制定行动方案来实现这些目标。通过编写项目管理计划和文件，可以有效地指导项目的实施。因为项目管理涉及多个维度，所以需要通过多次反馈来进行更深入的分析。由于对项目的了解越来越深入，有必要对这个项目进行更细致的规划。在项目的整个生命周期内，任何一次重大的调整都有可能导致需要重新制定一系列的计划和实施措施。“滚动式规划”是一种渐进式的项目管理计划，它强调了项目规划和文档编制的重要性，并且提供了一个持续不断的过程来实现这一目标。

③执行过程组

组织和协调一系列活动，旨在通过完成项目管理计划规定的任务，来达到预期的目标。组织执行过程不仅需要协调人力和资源，还要按照项目计划进行整合并实施项目活动。

实施项目的成效将会对原有的计划、设定的标准、活动的持续时长、资源的利用率、可靠性等产生深远的影响，并且还需要考虑潜在的不利因素。偏差的执行可能会对项目管理计划或文件造成严重影响，因此必须仔细分析并采取适当的措施来解决这一问题。经过分析，可能会引发重大变动。一旦变更请求获得批准，就有可能需要重新审视项目管理计划和其他相关文件，并且必须建立新的标准来确保项目的有效实施。大量的资金都将投入到实施阶段的工作当中。

④监控过程组

组织的监督机制旨在实时追踪、评估和优化项目的实施情况，及时发现可能出现的计划变化，并实施有效措施。通过这一过程组，可以持续、有序地评估项目的表现，以便发现与预期的管理计划之间的差距。监督小组的功能不仅仅局限于此，它还可以在以下几个方面发挥作用：

第一，重新审视变化，并采取有效的预防措施来应对潜在的风险。

第二，根据项目管理规范和绩效标准，严格检查并确保正在实施的项目任务得到有效执行。

第三，通过采取措施来阻止任何可能影响整体变更的因素，以确保只有经过审核和授权的变更才能被实施。

通过持续的监督，项目团队可以更好地了解项目的运行情况，并发现需要特别关注的细节。通过对一个过程组的全面监督，我们可以更好地了解整个项目的运行情况。通过有效的监督和协调，我们可以确保多个阶段的项目都按照规定的步骤顺利完成，同时，我们还有权利根据需要及时修订和审核项目管理计划，从而确保项目的有效性和成功率。若无法及时完成指定的任务，则必须对原有的人力资源规划进行改变，包括增派工作量、调整预算以及优化实施进度。

⑤收尾过程组

在项目的最终阶段，收尾过程组负责执行所有的管理活动，以确保项目的顺利完成，并确保各方的权益得到充分的保障。完成这一过程组意味着所有必要的步骤都已经完成，从而正式宣告项目或阶段的结束。在项目结束时，可能需要完成以下任务：

第一，获得客户或发起人的验收。

第二，进行项目后评价或阶段结束评价。

第三，记录“裁剪”任何过程的影响。

第四，记录经验教训。

第五，对组织过程资产进行适当的更新。

第六，将所有相关项目文件在项目管理信息系统（PMIS）中归档，以便作为历史数据使用。

第七，结束采购工作，包括软件、咨询服务商的外部采购等。

## 三、财务共享中心建设的战略定位

通过实施管控服务型财务共享，可以实现财务领域的重大转变，这将带来一次全新的思维模式、流程改革、组织结构调整和系统优化。采用管理性财务共享模式，使集团企业能够有效地改善组织架构、完善运营流程、提高工作效率、节约开支、实现最大价值。根据集团企业的管理状况和业务需求，精心挑选出最佳的模式，制定出可行的方案，对风险和变革进行全面评估，并与高层管理层进行沟通，以确定服务型财务共享中心未来发展的具体步骤。

通过对公司整体经营战略的分析，确定了管控服务型财务共享中心未来的主要目标，并采取了相应的行动来实现这些目标。结合企业的财务信息化现状及业务需求评估财务共享中心的价值，然后从战略层面与高层领导确定管控服务型财务共享中心的建设模式和运营模式，包括未来财务共享中心的发展方向等。战略定位是整个财务共享中心的指引，对财务共享中心的定位和发展方向具有至关重要的意义。战略定位处于管控服务型财务共享建设的统领位置，从战略层面决定了整个共享中心的导向，能确保后续建设工作的实施不偏离既定的轨道，始终与战略保持一致，为财务共享中心建设奠定基础。

战略定位模块主要包括管控服务型财务共享中心的建设目标、职能规划、建设模式、运营模式和选址五个方面。

### （一）财务共享中心的建设目标

建设财务共享中心的目标可能会因企业而异，每家企业都有其独特的建设方向，而且随着时间的推移，它们的主要目标也会发生变化。

经过对国外企业的调研，结果表明，提高财务流程效率、降低财务成本以及提升总体业绩表现是建设目标的前三大要素，其次是提升财务部门能力和提高财务服务质量。没有采用财务共享中心的企业更看重能力、企业业绩、效益和质量等，采用财务共享中心的企业更注重财务共享模式带来的成本降低的好处。

国外企业最早认为效益是最初的出发点，他们采用财务共享服务首先是出于提高效益的考虑，以较少的投入换取更多的回报。其次是利用标准化流程带来的影响，一方面可以降低财务成本，更快速地提升财务盈利能力；另一方面能够降低财务操作的复杂性，从而提高财务透明度，实现对监管要求的配合，以及财务服务的价值增值。

但大部分专家学者认为，财务共享服务在实现提升财务效率、提高企业在监管环境下的透明度、流程标准化转型三个方面十分重要。效率是要在行动分配上提高效益和有效性；管控是要掌握一定的平衡，既要保证控制的力度，又不能束缚公司；统一标准则指企业集团财务要在一定合理范围内实现标准的一致性，确保集团层面的财务制度标准化，才能够在集团层面实现财务业绩的可比性，保证对各个业务单位经营状况的掌控，实现有效的绩效管理。财务共享服务模式能够实现上述三个目标，但是也应当注重三者之间的平衡。毕竟衡量财务管理者业绩的是财务部门提供的整体服务质量，而不仅仅是共享服务的质量。

对数据和理论分析之后，可以得出，在建设目标上，我国现阶段的企业更多把精力放在改善财务部门能力、降低成本、实现标准化流程、提升内控和风险管理能力方面，已经实施的企业认为财务共享中心是实现上述目标较为有效的手段，计划实施的企业也在一定程度上认为财务共享中心正是促进这些任务有效达成的一种较为理想的手段。

提升财务部门能力、转型到标准或预先设定的财务流程、整合后台以支持核心业务的快速发展以及降低财务成本，几乎概括了国内企业选择共享服务模式的主要原因。尽管降低成本可能会给国内企业带来一定的收益，但这并不能作为其建立共享服务中心的唯一目的。真正有助于促进企业财务转型的，是将非核心业务进行标准化和合规化，以及提升财务流程的效率。

比较而言，在具体业务目标上，国外企业更看重提升总体业绩表现、提升财务的服务质量、提升财务的内部和外部客户满意度、推动数据透明度等方面；国内企业更希望获得跨职能的最佳实践、提升财务人员能力、转型到标准/预先设定的财务流程、更广泛地支持公司的战略决策等。随着全球经济一体化的发展，国际企业越来越看重财务方面的改善和优化，以期获得更大的经济利润。相比之下，国内企业则更倾向于采取财务共享服务模式，以期获得更大的经济效益，并且通过完善的流程管理，实现财务的有效控制，以期达到财务的转型升级。

无论是在国内还是海外，未来的商业模式将会更加注重大众化，将所有的资源进行整合，财务共享将成为首要任务，而人力、采购、法律、信息技术、研发投入等也将成为未来共享服务体系的核心组成部分。随着财务大数据技术的不断发展，大财务、大共享、业财融合将成为未来发展的重要方向。随着企业内外部环境的变化和发展的进程，其管理服务型财务共享中心的建立应当根据实际情况而定，以确保其最终的成功。财务共享中心的建设目标可分为以下几个方面：

1. 提升财务信息质量，提高工作效率

采用先进的财务共享中心流程，建立起统一的会计核算体系，确保每个下属单位的会计数据都能够按照统一的标准和职业判断进行，从而更加客观、准确地反映出企业的运营状况、收益和资金状况，进而有效地提升会计信息的质量，使总部能够更好地了解项目的真实情况。采取有效的组织架构和职能划分，结合提高工作效率的信息技术，可以大幅提升财务共享中心的质量和效率。

2. 实现基础数据的标准化

采用标准化的方式，将财务共享中心的基本资料、业务流程以及其他相关信息进行整合，以确保其与其他系统之间的一致性，从而提高企业的效率。

3. 实现财务系统与业务系统的集成

采用财务共享中心，可以将财务系统、项目管理系统、人力资源管理系统等多个系统有机融合，使企业的流程可以被完整地管理，从而有效地管理企业的业务及财务风险。

4. 实现流程再造，加速标准化进程

通过财务共享中心的服务，将对所有业务流程进行全面的整理和优化，以确保统一的标准；通过建立统一的核算标准和财务管理制度，可以促进各项管理制度的统一；通过统一的财务数据报送标准，使财务共享中心能够更好地为所有单位提供流程和制度的标准化建设。

5. 加强财务监督，提升内控管理

通过建立完善的内部控制管理制度，利用财务共享中心的优势，切实履行财务监督职责，监督各单位遵守制度的情况。采取有效的组织架构，优化财务共享中心的职能分工，加强各职能之间的协调配合，进一步提高财务内控管理水平，有效降低风险。

6. 优化组织结构，促进财务核心业务发展

财务共享中心负责处理所有简单的资金支付、会计核算和报告工作。通过引入先进的财务管理技术和分析方法，让现场财务管理人员能够更加轻松地完成复杂的会计工作，从而提高财务核心业务的效率和质量，进而提升基层单位的财务管理价值。

### （二）财务共享中心的职能规划

建设管控服务型财务共享中心要做好整个财务组织的职能规划。在财务共享中心建设的战略定位中，职能规划是应当关注的重点。

通过采用管理性的财务共享中心模式，可以更好地规划集团的财务结构，并且各个部门、子公司的财务部门将会根据实际情况来调整其职责。

集团财务部门致力于为企业的发展提供全方位的服务，通过实施全面的财务管理，精准的财务分析，为企业的发展提供有效的决策支持，并且为企业的财务制度的建设与实施提供有力的监督。

财务共享中心致力于审查、支付和核对报销业务，并对其进行记录，包括明细账、总账、月结、年结，并生成相应的财务报告。此外，还负责建立电子档案，并对其进行存档管理，提供全面、精确的会计信息，并监督公司的财务政策的实施情况。

分 / 子公司的财务部，负责组织本单位的财务业务工作，并接受上级单位的监督和指导，审核本地经济事项，原始凭证的真实性、合规性、合法性，负责对口当地外部监管部门，负责本单位的报账支撑职能，指导、协助业务部门在财务

共享中心系统中填写财务核算信息和其他业务信息。通过分/子公司的财务管理，能够充分发挥财务人员的专业技能，为企业的经营决策提供有力的会计信息支持。例如：分/子公司基于业务发展要购进新设备新生产线，财务人员可基于业务需求分析购买方式是采用筹资购买还是融资租赁，还是其他租用方式，每种不同方式的成本、收益怎样，分/子公司的财务部要为业务决策提供需要的决策分析支持。

根据财务部门的职能体系规划，财务共享中心的组织职能建设主要有两种方案：一种是行政层级上与集团财务部管理层相同；另一种是下设至财务部，行政层级上隶属于财务部，在财务共享中心建设初期选择此方案较多。

两种方案的共同点是：财务共享中心承担会计核算职能，集团总部和分/子公司财务部承担财务管理职能，顺应管理会计与财务会计分离的发展趋势。

两种方案的不同点主要有以下四个方面：

第一，在汇报层级方面，方案一中财务共享中心向总会计师汇报；方案二中财务共享中心隶属集团财务部管理，其工作向集团财务部财务经理汇报，汇报层级增多。

第二，在政策推行力度方面，方案一中两部门属平级关系，财务共享中心在负责会计落地时，需跨部门协调，政策推行的难度和复杂度较高；方案二中财务共享中心和分/子公司财务部同属集团总部财务部指导，在会计政策向下推行时，有总体的管理和协调，会计政策推行的阻力较小。

第三，在财务职能内部协作方面，集团财务部在财务管理方面属于政策制定层，财务共享中心属于执行层，方案一中财务共享中心与集团财务部属合作关系；方案二中财务共享中心与集团财务部属于上下级协作，方案二更有利于保障各项政策制度的落实。

第四，在管理灵活性方面，方案一的财务共享中心作为一个独立的部门，更有利于行政管理方面的调整和变革。

财务部门的职能体系，由财务共享中心领衔，核算与财务管理并行。核算会计的基本职能是核算和监督，侧重于对资金运用、经济活动的反映和监督。财务管理的基本职能是预测、控制、决策，侧重于对资金的组织、运用和管理。管控服务型财务共享借助财务共享模式，实现会计与财务分离，推动财务转型，是提升企业财务管理转型的重要保障。

### （三）财务共享中心的建设原则与建设模式

通过多种不同的建设方案，管控服务型财务共享中心可以满足企业的多样化需求，并且能够适应企业的发展阶段，从而实现最佳的效果。管控服务型财务共享中心建设强调的是管控组织和共享组织的双维度。管控组织是相对刚性的，一个企业组织是一棵树，树确定以后，除非树中节点变化，否则管控线条是明确的；而共享组织是服务组织，是相对柔性的，可以根据企业的特点而调整。财务共享中心可以作为集团总部财务部下属的独立业务单元，也可以设置成与财务部并列的部门，可以根据企业对共享中心的定位设定不同的组织模式。共享服务中心建立后，组织的财务组织架构可保持现状不变，共享服务中心作为业务服务单元，面向组织下的所有机构提供服务。

1. 财务共享中心的建设原则

结合国内大多数集团企业的经验，建设财务共享中心时主要可依据以下 6 个原则：

（1）事权不变原则

集团所属各法人主体对本单位的资产所有权和使用权不变，对资产、负债和权益的管理和使用仍由本单位负责，对收入、成本、费用的管理和审批仍由本单位负责。所有法人单位都应保持会计主体的不变，并且对其提供的会计信息的准确性、完整性和合法性负有责任。

（2）标准集中与数据集中原则

确保财务共享中心作为整个公司的唯一数据来源，以确保业务流程的有效性和稳定性，这将有助于提升会计信息的准确性和可靠性。通过建立财务共享中心，可以收集和整合全集团的财务基础信息，从而更快、更准确地为管理部门提供决策支持。

（3）核算与管理分离原则

该原则旨在实现财务管理与核算会计的平行管理，即将会计核算及出纳岗位取消，将核算单位转变为核算支撑单位，同时保留财务管理核算支撑岗位，以确保集团内部法人主体及其下属单位的有效运作。通过财务共享中心的统一管理，可以有效地实现核算和支持工作的高效运行。

（4）循序渐进原则

财务共享中心建设时应遵循先易后难、试点先行、稳步推进、全面实施推广等建设原则。

（5）收益性提高原则

财务共享中心建设的收益性主要体现在成本、效率、质量、服务、财务转型、企业扩张等方面。

减少成本是构建财务共享中心的基础，它能够有效地提升其经济性和社会影响力。

通过流程优化和信息技术的应用，财务共享中心取得了显著的成效，大大提高了财务运作的效率，并能够迅速满足企业的经营需求。

采取全面的绩效管控措施和统一的内部控制标准，大大提升了财务核算的及时性和准确性。

采取全面的绩效管理措施以及严格的内部管理标准，将有助于大幅度改善财务共享中心的服务水平。

随着财务转型的推进，财务职责将从单纯的财务管理转变为与业务伙伴共同发展，共享服务将为基础工作提供专业支撑，从而使财务角色的拓展成为可能。

随着共享服务的日益普及，它们已成为企业发展的强大助推器，为其快速增长提供了坚实基础。

（6）安全性增强原则

采取全面的措施，建立完善的工作流程、规范的制度体系、有效的财务监督，以最大限度地减少风险，提升管理水平。

2. 财务共享中心的建设模式

管控服务型财务共享中心的建设模式可划分为以下四种：集中模式、产业模式、区域模式和项目模式。

（1）集中模式

集中模式，即在企业内部构建一个完善的财务共享平台，为企业的所有成员提供优质的服务。

通常，那些拥有大量业务的公司都会在整个公司内部建立一个共享服务中心。

中国铁塔是一家由三家运营商共同投资组建的信号发射塔公司，旨在提供优质的信号传输服务，并且定期进行维护保养。铁塔公司的创立旨在通过共享资源来减少重复建设，并最大限度地利用资源。为了实现单塔核算的目标，公司在集团总部建立了一个统一的财务共享中心，并严格遵守核算标准和数据标准，以确保每个铁塔都能够提供完整的资产负债表、利润表以及多方面的管理分析报告。

（2）产业模式

通过建立不同的财务共享中心，产业模式可以根据集团产业的不同特征来提供服务。

许多跨界的企业，在各个行业都有所涉猎，并且在各自的产业和财务领域都建立了分支机构，例如中海油气电和山东鲁商集团。鲁商集团是一家多元化的跨行业企业，其中包括超市零售、酒店旅游、地产和金融等领域。每个行业都有其独特的管理方式，例如超市零售公司注重商品的进销存管理和资金收支管理，而地产公司则更关注项目成本管理、合同管理和资金流管理。为了更好地发挥鲁商的优势，建立了一个共享中心，首先在超市零售板块进行试点运行，然后逐步推广到其他行业领域。

（3）区域模式

区域模式，就是按照区域集中的原则建设财务共享中心，为区域运营单元提供服务。

建设区域模式财务共享中心的集团公司也比较常见。中交二航局已在全国范围内建立了 6 个财务共享中心，以一个中心区域为中心，向周边地区辐射，将各个分支机构纳入共享中心，实现统一管理，以提升财务管理效率和服务水平。

（4）项目模式

通过项目模式，多个法人单位可以建立财务共享中心，以支持特大型项目的建设，实现资金的封闭运作，并且可以统筹规划项目的税务。

当一个特大型项目正在建设时，许多二级和三级机构都可能参与其中。这时，在这种情况下，建立一个财务共享中心是一个很好的选择。中国交通建设集团的许多重大项目，如城市地铁，如果由多个二级单位分别承担，将会面临竞争力不足等问题，从而影响项目的可持续发展。中国交通建设集团通常会以集团总部的名义承担项目，并将其分解成多个子集团，由每一家子集团负责建设。对于跨法人的大型项目，建立一个基于项目的财务共享中心是必不可少的。

应当强调的是，这四种方法并非总能达到理想的效果，在实际应用中也存在着各种各样的最优解。

根据不同企业的特点，其所采用的建设模式可能存在差异，因此应当根据实际情况灵活调整。不管采取何种模式，关键在于找到一个能够在利弊双方之间取得平衡的解决方案。对企业而言，最重要的是制定出能够满足其实际需求的宏观规划。

### （四）财务共享中心的运营模式

根据其运作方式，财务共享中心可以大致分为四种类型：基本模式、市场模式、高级市场模式与独立经营模式。随着财务共享中心的不断发展，四种模式之间存在着明显的渐进性。

1. 基本模式

财务共享中心致力于建立一个全球性的、跨越不同组织和地域的综合性服务平台，以满足各类客户的需求。例如，通过基础的会计核算，提供准确的财务报表，并对数据进行处理和分析。通过建立财务共享中心，可以实现规模经济，并有效地整合日常事务性会计核算处理和资金经营活动，从而减少冗余，最终实现成本的降低和流程的规范化和标准化。在这种模式下，财务共享中心强调标准化的流程、灵活性的组织结构、专业化的职责分工以及核心性的管理能力。

2. 市场模式

随着时代的发展，市场模式已经从传统的基本模式转变为更加灵活的结构，其特点是不再受到内部职能部门的限制，而是将财务共享作为独立的运营责任主体。在这种虚拟经营模式下，服务不再受到托管，而是由客户完全掌控决策权，从而实现更加自主、灵活的服务体验。为了更好地满足客户的需求，财务共享中心应该持续改进其服务水平，完善流程，增进沟通，按照规范的服务流程和标准提供高品质的服务，以及更高的专业性。除此之外，财务共享中心还应致力于提供更加专业的顾问和决策支持。

3. 高级市场模式

随着外向型特征的日益凸显，财务共享中心不仅要承受来自外界的激烈竞争，而且还要为客户提供更多的自由，让他们能够从众多的共享服务机构中做出最佳选择。如果客户发现内部共享服务机构的服务水平不能满足其期望，那么他们有权选择更换，甚至可以向外界寻求更优质的服务。通过引入高级市场模式，可以提供给客户更有效率的供应商，帮助他们做出更明智的决策，从而提升内部财务共享中心的服务水平。

4. 独立经营模式

在这种模式下，财务共享中心作为一个独立的实体运营，其定位是提供外部服务的专业机构。它既为公司内部员工提供优质的产品与服务，也为公司的外部客户提供优质的体验。通过充分利用自身的专业技能、技术和知识，财务共享中心可以在市场上与第三方服务提供商和咨询公司进行有效的竞争，并且可以根据需求调整服务的价格。在这种模式下，财务共享中心已经从过去的重点关注成本转向了关注盈利。随着互联网和云计算技术的发展，“众包”模式已经成为一些企业的首选，它不仅能够满足其非核心业务的需求，而且还能够提高效率。

### （五）财务共享中心的选址

选择合适的地点来管理和运营财务共享中心对于战略定位设计至关重要。在选址之前，应该仔细考虑共享中心的需求，比如是一个还是多个，是按照地域划分还是按照流程划分，是建立在总部还是其他城市，以及衡量各种选择的利弊。一旦确定了，就可以制定出一份完整的备选城市清单。

在设计选址策略时，应该全面考虑四个重要因素：成本、环境、人力资源和基础设施。在这些因素中，最重要的是人工成本和电信成本；环境条件可以通过多种方式来考量，例如政府的政策、经济的发展水平、城市的竞争力以及它们是否与总部或分支机构相匹配；人力资源的成功取决于许多方面，其中最重要的是个人的专业技能、学历、职位、工作经验和培训机会；建筑物的基本特征可能会影响其在各个领域的表现，例如电力、气候、道路和住宅价格。如果选择的地点与公司的需求不匹配，可能会导致诸多挑战，例如招聘困难、运营成本过高等。通过对财务共享中心的选址指标进行全面评估，我们可以确定最佳的城市位置。

若是在招聘之初就无法确定工作场所，那么随着时间的推移，招聘压力将会急剧增加，因为许多人可能会因工作环境的改变而被迫搬迁。

国内财务共享中心大多分布在以下三类区域：一是以珠三角、长三角、京津经济区为首的经济发达区，这里有先进的管理理念和跨国公司成功实施的先例；二是服务行业成熟的区域，如通过IT行业服务外包驱动城市经济转型的大连市；三是共享服务潜力区，拥有良好的基础建设和丰富资源的地区，如成都和西安。

在各项因素中，“是否与总部所在地一致”也是管控服务型财务共享中心选址的一项重要参考依据。如果要建设管控服务型共享中心，则前期共享中心地址多与总部所在地一致，以便更好地沟通及管理。

在实际情况中，各个城市在成本、环境、人力资源及基础设施方面都会有各自的优势和不足。因此，在选址时需要综合考虑各种因素，根据企业实际情况最终确定共享中心的选址。另外，共享中心的地址并非一成不变的，随着外部环境及公司业务的变化，共享中心的地址可能也会随之变化。

## 四、财务共享中心的业务流程优化

通过业务流程，可以为客户提供更多的价值。流程驱动的管控服务型财务共享中心是一个重要的组成部分，它能够帮助组织和人员实现协同工作。将流程进行标准化，不仅能够提升客户的满意度，而且使业务变得更加灵活和高效，同时也能够确保产品的质量和降低风险，并降低流程的成本。

### （一）业务流程梳理与业务流程范围

为了更好地管控服务型财务共享中心，建议将低风险业务纳入其中，这些业务易于标准化和规范化，并且能够快速获得收益。例如，应收账款、总账核算、固定资产核算、费用报销以及成本分摊核算等都可以在这里进行。根据调查，六项业务流程被纳入了财务共享中心的核算范围：支出报告、收款、资产管理、应收账款管理、员工薪酬管理和总账管理。

引入管控服务型财务共享中心，彻底改变了传统的会计工作方式，使其从一种单纯的会计部门变成一种以服务为导向的生产性企业，并且给企业内部组织及个人带来全新的角色。随着工作方式的改变，一些业务流程也需要相应调整。为此，将这些流程根据不同的业务类型进行分解，并制定出一套统一的操作指南。根据集团内部控制制度和相关管理制度，我们对业务流程进行了全面梳理，并将其固化到信息系统中，以确保标准流程和管理流程的有效实施。梳理流程并非一成不变，我们应该仔细筛选、精心设计、精心改进，以实现最佳效果。

在整个流程中，应该从业务端到财务端进行全面的规划，并且特别关注如何将业务和财务有效地联系起来。整个流程由输入方、输入、过程、输出及输出方五个要素构成。其中，输入方是指那些为整个流程提供重要材料和信息的个体或组织；输入是用来支持特定流程和任务的必要资源，包括原材料、数据和信息等；过程是一种具有价值的、重要的、可持续发展的行为，它是为了满足客户的期望而进行的一系列行为；输出是在流程执行期间产生的数据和信息，它们必须符合客户的多种需求，以确保最终的结果可靠可用；输出方是通过特定的步骤生成结果的个体或组织。经过流程梳理，为了确保后续的运营流转顺利进行，必须不断采取有效的优化措施，以提升和完善整体效率。

经过梳理，业务核算流程包括收入、成本费用、存货、在建工程、资产、税金、应付款、银行贷款、资金拨付以及总账核算等，其中总账核算流程是核心，与其他流程，如应收、应付、资产、成本和资金等，形成了紧密的交互关系。经过梳理，操作管理流程包括：出纳、对账、资金、报表、会计稽核、核算、原始凭证管理、档案管理等，以确保财务管理的有效性和准确性。

该流程专门负责管理应急资金的使用，包括贷款、偿债、出差补助和其他常规支出。员工可以通过备用金借款流程来满足日常的出差、会议接待、商务洽谈、采购等各种费用需求，以确保公司的正常运营。在员工完成备用金贷款申请之后，应当按照规定的时间和要求，对其余的资金进行全额偿还，以确保资金的安全性。差旅费报销流程旨在为员工提供便捷的出行服务，包括但不限于乘坐飞机、火车、轮渡、餐饮、市内交通、培训、补贴以及其他各种费用的报销。报销子流程是指在报销公司员工的费用时，应该按照规定的流程进行处理。这些费用可能包括：在报销过程中，如果没有合同约定，可以直接在报销单上记录；如果需要支付，可以通过银行按照与第三方的协议进行支付；如果需要收取电话费、网络费等。通过资金收支结算，企业可以实现多种方式的支付，包括但不限于：资产、物资的结算支付、银行转账、承兑汇票、信用证付款、资金划拨、内部调剂还款等。

资产管理流程涵盖了固定（无形）资产、临时设施和正在建造的工程，旨在为企业提供有效的财务管理服务，以确保企业的资金能够按照合理的方式进行新增、折旧、减值、处置、调拨、盘点和摊销。

核算流程包括对物资的结算和对周转材料的核算，这些流程涉及对材料和周转物的评估、清理、出售和处理。

通过收入成本核算，可以实现从上到下的计划，并且可以根据季节变化来进行调整，以满足各种不同的需求，比如劳务、专业分包、机械结算、与业主的计量计价等。

薪酬管理流程涵盖了员工的工资收入和福利，并通过人力资源部门和财务共享中心实现对工资的支付和核算。

税收核算流程涵盖了各种税收的计提和缴纳。

财务核算流程涵盖了安全费用、各单位之间的费用开支以及其他相对较少的业务，这些业务都可以通过共享中心的入口进行核算。

通过对业务流程的系统化梳理，建立起一套完善的管理体系，包括制度化、流程化、标准化和自动化，以提高企业的效率和竞争力。经过精心梳理和标准化处理，我们能够更好地实施相关规章制度和业务管控点，从而加强集团的管控，有效防范和减少业务风险。

当然，在这里会关心流程和职责权限的分工问题，应该在保证管控权限不变的基础上梳理业务流程；同时，原来业财一体化的流程，在共享模式上仍然要保证，甚至要更加强化。在共享中心的运营过程中，将根据发现的问题，制定出一系列的流程优化项目，并对其进行持续的跟踪，以便实现 PDCA 的有效性，从而建立一套完善的、有序的流程优化体系。

### （二）业务流程设计与优化

重点关注财务共享中心的战略目标，以确保其有效地运作。针对管控服务型财务共享中心的特性，从一开始就明确制定了其发展战略，因此，流程策划应当紧密结合该中心的发展战略，将其作为流程的核心，将其目标和最佳效率融入其中，以实现有效的流程设计。

在流程设计中，应当遵循“考虑同质性、兼顾特殊性”的准则，以确保业务流程的顺利运行，并将特定的业务纳入共享中心，以实现更加有效的集中管理。一家建筑公司的主要业务是建筑施工，但它的其他业务也十分重要，包括房地产开发、设备租赁和物业管理。为了更好地管理这些领域，需要根据它们的特点来制定适当的流程。在制定流程时，应该充分考虑到成本、效率、风险、客户体验和负责人的多个维度，以确保最佳的运行结果。

1. 流程成本

财务共享中心的运营成本包括业务流程的执行费用、资源消耗费用以及其他相关的费用。每一项工作都会产生不同的费用，这些费用可能是短期的、可能是长期的或者是固定的。“资源成本”通常指的是在一个经济过程中，某些物质或能量的使用所产生的费用。它可以分为两种：无效的、浪费的。

2. 流程效率

评估流程效率的主要标准包括业务流程的运行时间和速度，以及队列的长度。

3. 流程风险

重点关注风险管理，并以此为基础进行设计。

4. 流程客户满意度

客户满意度是一个重要的指标，它反映了服务过程中上游和下游的工作效果，并且还受到外部客户的影响。因此，我们需要认真设计满意度流程。

5. 流程责任人

重新构思这句话：在制定流程时，我们应该特别关注哪些节点应该承担责任，并且这些节点的职能和目标是什么。

在某些情况下，流程设计中的成本、效率和风险之间存在着矛盾。在外部结算付款中，采用人工付款方式可能会带来风险，并且可能会导致错单率增加，降低效率；利用信息化技术，采用网上支付或银行直接支付的方式，可以显著降低付款错误率，提高支付效率，并有效降低资金管理风险。然而，这也意味着相关的软件开发成本将大幅提高。因此，为了实现成本、风险和效率的最佳平衡，应当全面评估企业的战略目标和 IT 的发展情况，以便做出明智的决定。

在流程设计中，“由总及细”可以帮助我们按照层级梳理相关流程，并且根据不同的企业情况进行详细的调研，以确定流程的细节，将相关控制点进行分类，最终实现整体规划。通常，应该首先确定整个流程的运作方式，并将其分解成若干小步骤。这些步骤应该被细分成不同的部分和岗位，并且应该有相应的子步骤和辅助流程。

通过对管理服务型财务共享中心的资产核算流程进行分级，可将其划分为一级、二级和三级三个层次：一级是基本的资产核算，二级是重要的固定资产，三级是对其进行必要的调整和折旧。

为了确保财务共享中心未来的运行高效、稳定、规范，管控服务型财务共享中心的流程设计应当从最基本的单元出发，结合全业务环境，细化最低层次的子流程，以确保流程的有效性和可操作性。

通过实施管控服务型财务共享中心，可以有效地完成多种流程，其中包括但不限于应付款、应收款、固定资产和总账等。通过对典型流程的深入研究和全面了解，可以有效地实施流程管理，从而提升流程运行的效率和质量。

在共享服务中心，应对流程已成为最常见的业务模式，这得益于它们的严格标准和庞大的业务需求。通过应付流程，公司可以有效地控制内外部供应商的费用支出，并及时完成货款或服务支付。通过应用影像管理系统、ERP 系统、银企互联 / 网银系统和供应商管理系统，能够实现高效的信息共享，从而提高业务效率。完成任何业务，与客户建立良好的沟通渠道至关重要。通过提供发票和相关业务信息的平台，将其转移到公司。财务共享中心提供了一个便捷的界面，以便于供应商进行查询。根据界面的设计，结合财务共享中心的内部流程，将整个应付业务划分为四个主要步骤：收集发票信息、处理数据、完成银行支付以及提供客户服务。

重要的业务流程包括：订单处理、发票与收入核查、支付与票据管理、记录与分析以及内部控制。

利用先进的电子商务技术，可以有效地实现订单与合同的有效管理，从而提高企业的效率。通过使用系统中的合同报价工具，市场专业人士可以为客户提供有效的招投标服务，从而实现预期的交易。一旦订单获得，就必须将其关键信息记录在系统中。通过人工输入、图像扫描和识别技术，能够有效地完成此步骤。通过合同信息录入，可以为后续的服务业务处理和 ERP 系统提供有力的数据支撑。

在收到业务人员的要求后，财务共享中心将对合同进行审核，以便准确地开具发票。当合同满足收入确认的要求时，财务共享中心必须对其进行收入核实。ERP 中记录了开票和收入 ACK 的所有信息，以便进行账务处理。

收到客户的付款请求后，财务共享中心将对收款记录进行审核，并在收款完毕之前，对相关账款进行会计处理。如果客户收到了票据，可以根据资金需求进行贴现或背书操作。

经过审核，会使用客户关系管理系统来跟踪收款情况，并与客户保持密切沟通，及时纠正任何可能出现的问题。

企业应当建立一套完善的员工备用金核算流程，以确保员工能够按照规定的标准和要求，在差旅、业务招待、商务活动、零星采购等方面，有效地利用资源，实现资金的有效使用。通过电子报账系统，报账人可以提交准确的报账单，并且可以查看和管理备用金的借出类型、借出原因、金额以及还款期限等信息。

员工备用金类型分为非定额备用金和定额备用金，其中，非定额备用金是所有员工可以根据业务需要借支的备用金，目前暂无统一的限额规定，由业务财务进行审批时决定是否同意借款并控制借款额度。定额备用金是针对特定岗位的员工，因工作需要需长期持有的备用金，目前暂无统一的限额规定，由业务财务进行审批时决定是否同意借款并控制借款额度。所有员工都不得同时拥有定额和非定额备用金贷款。为了确保定额备用金的正常流动，在报销时，涉及共享中心的费用，会计不需要核销其备用金的余额，而是直接将相应的报销款项支付给员工。在使用非定额备用金进行报销之前，共享中心的财务部门需要对该备用金进行审批，只有审批通过之后，才能向员工提供报销资金。员工必须每年准时偿还备用金，以确保其正常使用，否则将无法再次申请和使用这笔资金。

在共享中心的费用会计审核过程中，应特别关注借款审批意见，以及员工借支非定额备用金时是否有未及时核销或归还的情况，以及定额备用金余额是否超出限额。

在管控服务型财务共享中心的流程设计中，将排除所有可能影响业务的因素。这些流程大体上是一样的：首先，经办人需要提出申请，然后由相关领导审批。接着，票据员需要扫描影像，并将审批结果与实际情况匹配。最终，这些信息将被传递到财务共享中心。在这里，工作人员将负责处理所有的资金和账务，并将所有的实际情况记录在档案管理系统中。

在流程设计中，应将企业经营中的业务流程、财务会计流程和管理流程有机结合，引入“事件驱动”概念，建立基于事件驱动的财务一体化信息处理流程，打破信息孤岛，实现财务数据和业务数据的有效共享，实现实时监控，充分发挥会计控制的作用。

### （三）主要业务流程再造设计

1. 采购与债务确认流程

采购和债务核算是企业日常运营的基础，也是财务共享中心首要推行的任务，它对于企业的经营效率和成本控制至关重要。在传统模式下，项目部根据施工生产需求，可以随时签订合同，并且可以办理合同的结算和付款，从而确保集团的采购和债务 ACK（即确认的意思。当我们发送一个自定义信息给对方时，对方收到信息后，回复一个 ACK 给我们，我们接收到了 ACK，就知道对方一定收到信息了。）业务。通常情况下，集团总部会要求项目部提交合同并经过审核，但并不会直接干预合同的支付流程。由于项目部未能及时处理结算资料，导致资产和成本无法及时在账面上进行归集，而是以“预付账款”的方式挂账，这不仅严重影响了会计信息的质量，也给管理层带来了极大的挑战，更糟糕的是，付款金额可能会超出最终结算的金额，从而导致直接的经济损失。

采用财务共享服务中心模式，为了确保业务的顺利进行，需要对采购和债务 ACK 流程进行重新设计，使其集中在共享中心处理。借助采购和债务确认的管控，建立一个财务共享中心，实现了对所有相关业务的实时监测和协调，从而有效地控制了整个项目的财务风险，并且利用先进的计算机技术为不同的业务部门提供了有力的财务支撑。该公司的采购业务包括两大类：购买物质设施和劳务。根据金额，采购可分为大型采购和小规模采购。虽然零星采购的金额不大，但由于需求量大，而且涉及的采购种类众多，因此，即使是在全面的预算体系下，也仅仅限于对采购总额的预算，而具体的业务处理则可以通过费用报销流程来实现。在施工过程中，大宗采购是一种重要的采购活动，旨在按照规定的时间、地点、数量、质量、价格等因素，以满足项目的需求，同时也为了确保项目的顺利完成，必须对采购的数量、质量、价格等实行严格的控制。根据集团的全面预算管理规定，设备和物资部门负责监督和执行这些规定。

负责监控集团公司使用的施工机械和运输设备的情况，分析并预测相关政策，制定年度施工机械、运输设备和物资采购预算，审核所属单位的预算，负责监督和考核预算的执行情况；工程部负责监督和指导所属预算单位的施工进度，并评估项目预算的变化情况。项目经理和财务经理应该共同负责制定年度的施工预算和物资供应计划，并严格遵守相关的审核流程。这些计划将成为下一年度的采购依据。

主要业务过程的分析：

基于业务流程的管控，建立了一个财务共享中心，用于收集并处理所有相关的采购和债务确认流程。这个中心由四个不同的部门组成：项目业务发生部、集团业务管理部、项目财务部、集团共享中心。这些部门之间可以通过完善的预算、物资、财务等系统来实现数据的交换。五个关键的业务流程构成了采购与债务确认的完整体系：首先，项目业务部门需要根据预算编制，然后将其提交给集团业务管理部门进行审核；其次，项目部需要根据物资管理系统生成物资采购计划，并将其提交给集团业务管理部门进行审批；再次，项目业务部门需要根据合同管理模块，将其上报给集团业务管理部进行评估；最后，项目业务部门需要根据合同管理模块进行结算，并将其传输至财务部进行审核。应当加强对此领域的监管和审查。五项业务审核是共享中心的重要组成部分。这五个步骤虽然彼此独立，但又紧密相连，每一个环节都至关重要，必须给予充分的重视和关注。通常来说，施工公司的原材料采购费用大约占据了合同总费用的 45%，而劳动力费用则占据了 35%。因此，采购和债务核算的流程的正确性和合理性对于项目的成本控制至关重要。为了保证共享中心的高效运营，建议遵循标准化的流程，并使用严格的预算管理机制来监督所有的操作。同时还建议对所有的活动和部分进行统一的规范，以确保各项工作的顺利进行。此外，在各种业务的不同阶段，尽量避免浪费资源。

（1）预算编制与审核环节

集团战略目标应该通过有效的方法来重构实现。将预算分成两类：二级预算和三级预算。一旦获得授权，就会将所有预算细化，并将其分配给不同的业务部门，用于监督它们的运营情况。这一环节是企业实现战略目标的关键，它不仅是整个采购与债务管理业务流程的开端，而且对企业的成本控制和风险防范起着至关重要的作用。

（2）计划提交与审核环节

为了满足施工现场的需求，项目部将会在一段时间内提出相应的需求计划，并经过集团授权的审批机构和专业人士的严格审查，最终确定采购方案。提交和审核计划对于实施集中采购和降低采购成本至关重要，具有不可替代的作用。

（3）采购合同的签订和审核环节

在采购计划获得批准之后，项目相关业务部门将根据招标文件编写合同文本，并依据有关规定进行审核，一旦审核通过，将组织签署合同。为了确保合同的有效性，应当从各个业务部门的角度对可能存在的风险进行全面审查，以防止由此导致的不良后果。在签署合同之后，应将其记录到合同管理系统中，以便共享中心能够进行审核和结算。

（4）业务部门与项目财务部再审环节

尽管大多数参与流程业务发生的财务工作人员缺乏标准的专业技术资格认证，但这并不妨碍财务处理工作的顺利进行，反而可以通过流程再造的方式，有效地审核业务发生的准确性和真实性，并严格监督采购控制和管理工作的内容。随着增值税税制的实施，如何有效地管理增值税已经变得越来越困难。因此，需要引入共享中心流程，以实现企业、财务和税收的有效整合。

（5）在共享中心合同结算和债务确认再审环节

在共享中心，会对结算的单价、数量以及是否符合业务预算进行严格审查，并确保所有结算资料都符合内部控制管理要求。此外，还会检查发票是否符合相关规定，以确保风险得到有效防控。

2. 销售与收款业务流程

集团的主要营业额来自建筑公司签署的工程项目的支付。根据施工期间与建设方签订的合同，可以准确地计算出项目的收入。一般来说，企业和建筑公司签署协议之后，就会在施工现场组建一个项目团队，并使用该团队的名义在当地开立银行结算账户。随着“三流合一”的出台，以及建设单位对项目建设资金的严格监管，施工企业的财务收入和支出大多数情况下都可以通过项目部结算账户来完成。通过采用财务共享中心模式，集团可以实现资金的集中管理，无论是在资金结算中心开设账户，还是在特殊情况下，将其收归集团总部，以建立统一的销售结算与资金运营体系，确保资金的安全和有效使用。

四个主要业务管控节点构成了业务流程：首先，与建设单位进行工程进度计量；其次，按照合同规定确认债权；再次，开具发票；最后，办理收款业务并核销债权。

（1）办理工程进度计量

项目部的业务部门会定期与业主进行结算，以确保合同的有效执行。通过合同管理系统，实时上传结算数据。

（2）合同确认债权

在项目中，财务部门需要仔细审查业务部门提交的验收报告和计价信息，然后向集团总部申请开具发票。最终，通过审查这些信息，财务部门将会向业主支付款项。通过共享中心，可以根据合同管理系统和当地财务部门提供的信息来进行账务处理并进行债权确认。最终会在总账系统中生成会计凭证。

（3）向建设单位开具发票

根据项目部财务部提出的发票申请，集团财务部会对相关资料进行审核，然后将审核结果通过税务管理系统进行处理，最终将处理完成的发票信息传输至共享中心，以便共享中心能够准确地识别出债权人的身份。

（4）办理收款业务并核销债权

在项目当地的财务部门完成了与建设单位的收款程序之后，会把相关的银行收款信息提交给集团公司的共享中心，以便他们能够快速审批和处理债权。

3. 付款与债务核销业务流程

企业的资金管理中，付款和债务核销是一项至关重要的任务。采用分布式的财务管理方法，每个独立的项目部的资金流动、债权清偿等事宜均应由其负责，而不是完全依赖于其他部门的监督。由业务申请部门提起支付申请后，经过项目部本级的审批流程，完成资金的支付和债务的核销。当前，资金支付采取了一种由业务发生单位定期编制支付计划，并经过授权管理机构审核通过后才能正式执行的管理模式。然而，在现代的管理体系中，企业可以根据财务账面债务余额制订支付计划，并且可以通过授权审批机构来实时监督债务的产生，从而充分发挥出管控流程的作用。采用财务共享中心的架构，重新设计了采购和债务核算的流程，从而有效地监督和控制了债务核算的整个过程。基于这一基础，将所有业务单位的付款业务都集中在共享中心完成，特别是在目前尚未实现银企直联的情况下，这将大大提高资金支付的效率和便利性。通过共享中心的分批支付，不仅可以减少资金支付的烦琐程序，而且还能够有效地管理资金预算，从而更好地满足集团的资金需求。

业务流程说明一般如下：

在财务共享中心模式下，付款与债务核销业务数据可以通过资金管理系统和总账业务系统实现快速传输，从而使业务管理和财务管理能够实现有效的整合，继而提高企业的效率和效益。三个重要的控制步骤构成了整个流程：首先，根据合同结算的债务编制资金支付计划；其次，根据资金审批准则，对支付计划进行审查；最后，完成资金支付，并对债务进行核销。三个部分彼此间存在着密切的联系，它们构成了支付与债务管理的核心，因此必须加以重视，以确保各个步骤的有效实施及其之间的协调配合。为了确保项目的顺利进行，必须严格监督资金的支出，并确保项目团队能够独立决策；在确保审批权的同时，也必须确保支付的及时完成。

（1）编制资金支付计划环节

在编写资金支出计划时，必须严格遵守集团公司规范的财务流程和管理规则。作为项目的核心组织，项目部负有第一责任，确保项目资金的有效运作。根据已经确认的债务余额以及双方签订的协议，应当制订一份详尽的资金支付计划，以满足双方的财务需求。在编制资金计划时，应当严格遵循合同规定，并且根据支出的类型，将其划分为“材料采购、劳务采购、设备租赁、预付账款”四类，而一些无法通过合同规定的业务，则应当按照其特定的类别划分，如“职工工资、税金及附加、费用报销”等。为了应对施工现场的短期财务压力，“预计支付款项”规定了合理的支出措施。完成资金计划后，项目部本地财务部将通过资金管理系统提交给相关部门进行审核和管理。

（2）资金计划的审批

在共享中心模式下，集团总部无法实现完全的集权，因此，审批项目资金支付的主要目的是确保资金的有效使用，以及其合理性和规范性。在审核过程中，必须严格遵守“项目资金项目负责”的基本准则，并由相关部门负责人签署确认。对于超出规定范围的资金计划，集团公司资金管理领导小组将负责进行修订或更改。如果项目部的资金缺乏，我们将按照优先考虑支出的原则进行调整；另一方面，大宗采购支付中，除非双方已经签订了协议，否则将无法进行结算，而且结算程序也可能会出现缺陷；三方面的经济活动缺乏可靠性，有些人明目张胆地挪用了建设资金；四项合同的条款严重违反法律法规，而且支付的费用也相当昂贵。如果支付计划符合要求，那么它将被授予特定的权限，并且将被指派到相应的资金管理系统中。

（3）资金支付并核销债务

根据审核通过的资金支出计划，项目部的相关人员可以通过该系统向相关人员发出业务支出申请。当地的财务人员将根据协议规定对支出信息进行初步审核，然后将其上传到资金管理平台。当财务共享中心接收到支付指令时，它将会立即开展相关业务并完成债务清算。财务共享中心负责为该项目提供全面的银行支付服务，以确保资金的安全和有效流动。

在分散式财务管理模式下，资金支出和债务核销的流程与在财务共享中心模式下的流程相比，显然后者的优势在于，它不仅能够有效防止超额支出导致的经济损失，还能促使其他的业务遵守相关法律法规，降低风险，同时也能将烦琐的资金支出工作集中，提升工作效率。

4. 费用报销业务

管理费用报销以及按照规定的流程处理的短期采购业务，旨在为公司内部员工提供便捷的财务服务，其中包括但不限于资金的拨付、财务审计、财务记账、财务分析等，这些业务的规模较小，但却可以满足公司的需求。鉴于本业务的客户群体主要是企业内部员工，而且这种情况在企业中极为普遍，因此对服务的及时性和客户满意度提出了更高的要求。随着技术的不断发展，传统的分散式财务核算模式已经不再适用于当今的市场环境。各项目部的费用报销不再按照项目部财务主管审核、项目主管领导审批、出纳人员支付的业务流程，而是采取了更加灵活的方式，可以更好地控制超额费用的发生，从而提高企业的效率和绩效。

尽管项目部的费用报销预算总额已经得到了有效控制，但由于监督滞后性和过程中无法及时调整的问题，项目财务部门可能会考虑采取多种措施，以避免预算系统受到影响。通过财务共享中心的费用报销平台，企业可以实现多种功能的有效整合，包括影像采集、传输、网络报销以及网银等，从而使企业的日常费用管理更加便捷高效。在共享中心，办理费用报销的流程通常包括：准备文件、扫描票据、提交申请、进行财务管理、使用电子支付系统、创建报告。

主要操作流程的具体情况：

首先，制作单据包括在线完成和现场审核。通过线上制作，业务经办人可以在系统中快速、准确地完成费用报销，并生成详细的报销单据。通过线下审批，经办人可以根据自己的权限，使用系统生成的报销单据，完成审批流程。财务人员应该特别关注审批流程的完整性，确保费用和票据的真实性和合规性，以确保业务发生单位的财务管理。

其次，通过票据扫描，我们可以快速、准确地获取本单位的报销文件及其相关凭证，并将其上传到影像传输系统，以便当地财务人员进行在线审核，最终提交给共享服务中心。

再次，通过财务共享中心，我们可以获取有关费用报销的详细信息，并且可以通过与当地项目部的财务主管的沟通，确保业务的正确执行以及相关的原始文件的准确性。

最后，财务共享中心会对所有的影像数据进行审核，并使用系统的自动化接口为总账簿生成相应的凭据。

采取共享中心的方式，可以有效地整合各个独立核算单位的费用报销核算业务，从而实现资源的有效利用，提升工作效率，并且可以有效地改善费用报销的管控流程，这种方法大大超越了传统的分散式财务管理模式。使用影像传输技术，可以将票据存储与业务处理区域隔开，这样可以大幅度降低业务处理的成本，并且能够满足当地管理部门对项目审核的要求以及业主的监督。通过共享服务中心的网络报销平台，企业可以在任何时间、任何地点进行业务处理，并且能够实现对资金的动态监控，从而有效地整合预算系统和费用报销流程。借助共享中心的费用报销系统，我们可以更好地规范和控制业务流程。

### （四）业务流程的标准化处理

标准化是财务会计业务的重要组成部分。为了确保会计信息的可靠性，应当采用统一的核算方式、统一的账户类型、统一的财务报告格式、实施严格的数据标准、操作流程以及明确的岗位职责。通过建立一个统一的财务共享中心，各单位的业务处理标准可以得到有效的统一，从而提升财务信息的质量和处理效率，更好地反映实际业务的经营状况。

以对物资的业务流程管控为例，物资标准化管理的控制要点是规范物资采购合同管理、细化物资消耗管理、确保物资使用的真实性和合理性、规范自制物资的业务处理、规避自制加工物资的物资安全、规范物资调拨及价值评估。单笔同一供应商采购金额超过 3 万元的物资采购，需强制关联合同信息。物资采购单笔对单个供应商超过 3 万元，需签订采购合同且支付至供应商；财务共享中心会审核主材与设计总量的关系，当主材的累计消耗量超过设计总量的 90% 时，共享中心会发出预警；当主材的累计消耗量超过设计总量的 100% 时，则无法成功报账，若需要超量报账，则需公司出具设计总量调整说明。对物资进行预验收时，若无发票，则不能进行资金支付。物资出库单需要明确出库类型、用途、成本归属对象，便于日后进行成本分析和标后预算对比分析。物资出库单需合同成本部、物资设备部、财务部负责人、物资机械分管领导四方签字；未来自制原材料使用生产成本科目进行归集，月末由物资设备部根据当月产值计算入库产品单价，便于日后成本考核分析；项目之间的物资调拨需由公司进行审批，并由公司核定调拨物资的价值；物资销售必须提供销售协议及销售清单。

通过详细的流程分析，可以更好地指导组织成员的工作，并确保遵循统一的标准和规则。通过对流程的规范性与科学性的管理，可以使财务共享中心更加有效的运行，从而为实现信息化奠定坚实的基础。业务流程不仅仅是制度管理、标准化管理的基础，而且还为运营管理提供了强有力的支持，从而确保了流程的有效性、高质量和低成本。对流程的有效监督，能够更好地推进企业的发展。

# 第二节　智能化财务管理

## 一、智能化财务管理的新逻辑

### （一）财务组织与认知的新逻辑

随着智能时代的到来，财务组织、财务人员的认知以及财务信息技术都发生了深刻的变革，然而更为重要的是，这种变革带来的逻辑层次的转变才是最终的转变。当我们面对智能时代，苦苦寻觅该做些什么的时候，不妨跟着一起来思考智能时代的新逻辑。

1. 管控：局部与全面

当我们无法直接将人员覆盖到每一个细节时，数据成为我们实现全面管控的关键。由于数据壁垒的存在，管控的威力逐渐削弱。在智能时代，数据会受到高度的处理，变得更加集中与透明，实现数据的无边界。在数据壁垒被打破的情况下，财务管控的范围将不可避免地扩展至更广泛的领域。在“互联网+”背景下，企业财务管理需要突破传统的思维定式，以智慧管理取代传统管控方式，构建一个全新的财务生态体系，使企业财务管理真正发挥其价值创造功能。因此在智能时代，我们需要采用全新的逻辑来进行管控。

2. 组织：刚与柔

泰罗的科学管理理论认为，现代财务组织建立在刚性管理的基础上，将人视为一种具有经济和言语能力的机器，强调组织的权威性和专业分工。刚性组织的运作离不开其组织制度和职责权力的支撑，而管理者的职责则在于通过命令、监督和控制来实现其职能。随着智能时代的到来，我们需要更多具有活力和创新精神的机器，这些机器将逐渐被真正的人工智能所取代，后者将成为我们的得力助手。这要求企业从刚性管理转向柔性管理。在智能时代，灵活的组织方式变得尤为必要，因为柔性管理能够挖掘员工的创造性和主观能动性，通过共同的价值观和组织文化来调动员工的高层次主导动机，从而实现智能时代管理所需的跃升和变革、速度和反应、敏锐和弹性。在智能时代，我们需要重新审视组织的逻辑，以适应不断变化的需求。

3. 知识：纵与横

专业纵深能力对财务人员而言具有十分重要的意义，同时它也是现代财务管理对财务从业人员提出的新要求，从传统财务管理到财务机器人再到大数据驱动下的财务软件再到人工智能时代的财务机器人，每一次变革都与财务人的专业知识深度密切相关。由于财务管理牵涉到多个垂直领域，如会计、税务、预算、成本等，因此许多财务从业者长期致力于深耕该领域，从而形成了深厚的专业素养。随着智能时代的发展，财务管理的应用范围也将会得到大幅扩展。尽管人工智能的协助可以提升财务人员的专业素养，但要求他们具备跨领域的广度与合作创新的全新知识体系更为关键。这代表了在智能时代下，知识的全新推理方式。

### （二）财务管理技术的新逻辑

1. 数据：小与大

传统的财务数据处理和数据分析都是以结构化数据为基础的，这些数据可以被归类为规模较小的数据集。在传统的财务分析领域，通常采用基于“小数据”的技术工具进行研究和开发。即便在智能时代，财务管理的核心仍然是“小数据”，因为许多财务管理理论都是建立在结构化数据基础上的，这使数据的处理变得异常复杂。对财务人员而言，在使用“小数据”工具的同时，也必须高度重视大数据的重要性。只有这样才能将“小数据”与大数据进行有机结合，形成一种全新的、具有强大生命力和巨大价值空间的技术工具。利用大数据技术工具，财务人员能够处理海量非结构化数据，从而突破传统思维的限制，开启一片广袤的新天地。

2. 计算：本地与云端

传统的信息系统或计算多数是以本地部署为基础的。针对用户来说，本地部署模式能够更灵活地满足我们的管理员需求，更好地支持根据需要进行建设。本地部署的规模不断扩大，会导致企业需要投入大量的运维成本，并且大量资产会被占用，带来负面影响。但在过去的传统时代里，由于计算能力有限，这些疼痛并不是无法忍受的。随着智能时代的到来，数据量和机器学习的工作量都变得十分巨大，传统的本地部署方式难以胜任。因此，无论是公有云、私有云还是混合云，云计算都是不可避免的选择，因为移往云端已成为必然趋势。这是在智能时代中使用的新的计算方法。

3. 记录：集中与分布

在传统财务信息记录中，常采用的方式是基于中心的集中记录方式。这方式具有数据存储空间小、资源消耗量较少等优势。然而，数据的安全性和一致性存在较大的不确定性。企业中常见的财务问题之一是企业财务和业务之间不匹配，在不同系统中使用同一数据时可能会导致数据不一致。随着区块链技术的出现，记账方式在智能时代发生了根本性的革新。原先采用的中央化记账方式已经被取代，转而使用分布式记账方式，即使用多个账本来共同记录财务信息，从而实现去中心化管理。虽然存在大量数据重复的问题，但随着网络和存储技术的快速发展，这种财务信息记录模式轻而易举地可以得到解决。因此，将信息记录从集中转移到分布式系统的应用场景将会越来越广泛。这代表了智能时代所采用的新记录方法。

4. 流程：稳健与敏捷

为了确保传统财务端到端流程的稳定性，我们更倾向于将其固化为可操作的流程。在业务流程相对稳定的情况下，流程的可靠性和维护的便利性有所提高，但同时也失去了一定的流程灵活性和对客户需求的响应能力，这会导致客户的满意度下降。在智能时代，流程引擎的效率得到了显著提升，其支持的维度也变得更加丰富，同时，基于动态数据分析的流程控制参数也能够及时调整。随着流程中智能自动处理环节的增加，即使流程发生变动，也不会给运营带来过多的负担。在此情形下，以适度的方式将流程从稳健转向敏捷，或可获得财务客户的青睐。在这一背景之下，企业需要对原有的流程进行优化和再造，以实现流程与业务之间的无缝连接，从而使其具有更强的适应性。这就是智能时代流程中的一个新逻辑。

5. 互联：数联与物联

在传统的财务中，数字是关注的重点，无论是流程处理还是经营管理，数字都扮演着至关重要的角色。而现在，数字流转已成为更受关注的焦点，财务也开始更加注重数字流转的过程和效果。数联时代将我们的经营管理过程和流程数字化，使我们能够进行精细化管理和数据分析。在智能时代，我们可以将物联概念与数联概念结合起来，实现更加高效的数据处理。随着物联网应用的普及，企业经营中的实物、运输、人员和财务凭证等都可以被打上物联标签，从而将物流信息数字化，进一步提高管理效率。通过数字分析，我们可以从更复杂的物流成本管理等角度来关注企业经营，这是在没有物联网时难以实现的。物联与数联并不是互相排斥的，重点在于将物联转化为数联，并在数联中融合物联的信息。

### （三）财务管理实践的新逻辑

管理实践是财务主体的手足。手足敏捷能够帮助财务主体变得更加刚劲有力。财务管理实践的逻辑转变，能够让我们在实践工作中引入不同的视角，通过另一种模式对现有的实践进行转换和升级。让我们从绩效、预算、管会、控本、业财、共享、财资七个关键词来看财务管理实践的新逻辑。

1. 绩效：因果与相关

在传统的财务管理中绩效管理通常会预先设定因果，通过设定关键绩效指标（KPI），并设定目标值来监控业务部门的执行情况。当 KPI 结果发生偏离时，势必要找到其原因，再进一步寻求解决措施。这是典型的因果分析法，也是当下主流的绩效管理思维。但在智能时代，大数据并不强调因果关系，而是更关注相关性。这为经营分析打开了另一扇窗。基于大数据分析，我们从数据角度寻找影响KPI偏离的因素，并获得其影响方向，直接对这些因素进行干预管理，不解释为什么，不用必须向业务部门说明其中的逻辑。这是智能时代绩效的新逻辑。

2. 预算：经验与数配

传统的预算编制或资源配置往往基于经验，即使采用复杂的作业预算概念，其中的业务动因也大多是基于经验形成的。可以说，传统预算是一种基于实践经验的预算方式，其价值不容小觑。预算编制人员需要具备极高的经验水平，而这种经验预算带来的结果往往是不稳定的，因此在预算沟通的过程中需要具备相当的灵活性。在沟通过程中，双方难以找到一种恰当的逻辑来说服对方，这是一个相当棘手的问题。在智能时代，利用大数据的可预测性，通过对数据进行深入分析，从结果的角度出发，可以发现那些对经营结果产生重要影响的热点因素。通过对这些热点资源进行精准的投入和配置，实现精准的预算和资源分配，这就是数配。数配就是利用大数据技术来解决传统企业预算中存在的问题，使管理者和员工之间达成一致共识，从而达到优化资源配置和提高业绩的目的。

3. 管会：多维与全维

传统管理会计的核心部分就是维度，而维度往往又是很多管理会计人的痛苦回忆。现今的管理会计需要进行多维度的收益分析，然而传统的关系型数据库已无法胜任性能需求。因此，多维数据库已成为当前广受欢迎的管理会计系统数据存储方式。即使这样，在管理设计中，大家对维度仍然极其谨慎，减少一切不必要的维度以提高运行效率。而在智能时代，无论是算力还是数据处理模式都将可能有更大的提升空间。尽管在当下还没有看到技术突破至理想的状况，但相信在不远的将来，维度的组合计算将不再是业务设计的约束，全维管理会计将成为可能。这是智能时代管理会计的新逻辑。

4. 控本：后行与前置

传统的成本管控往往是在成本发生后进行的事后追踪。即使往前推进一步，做到设计阶段的成本管理，这样的成本管理方式在现阶段也是必要的，是能够发挥作用的。随着智能时代技术的不断进步，成本和费用已经被细分为许多子类别，每个子类别都可以进一步扩展，以建立专业的前端业务管理系统，例如商旅管理系统、品牌宣传管理系统、车辆管理系统和通信费管理系统等。将成本费用管理整合到业务流程中，以实现前置业务系统和财务系统的无缝衔接。这是一个以控制成本为核心的智能时代的新逻辑。

5. 业财：分裂与融合

传统的业务系统和财务系统之间存在一定的隔阂，数据的传递必须依赖外部介质来实现业务系统和财务系统之间的数据对接。近年来，随着业财融合的不断深入，出现了一种内部自建会计引擎的单个业务系统，以及将其与财务系统对接的模式，然而，多个系统之间仍然存在着分离的现象。随着智能时代的到来，会计引擎应对复杂局面的能力不断提升，大型企业将逐步建立起内部统一的会计引擎，并将其作为载体，融合多个前端差异化的业务系统，从而实现业财对接从分裂到融合的转变。在此基础上，以智能财务为核心的大数据分析平台可以提供更全面的信息服务，帮助企业管理者做出更加科学的决策。在智能时代，业财的运作方式得到了全新的优化和升级。

6. 共享：人工与智控

目前的财务共享服务采用的是传统的人工操作模式，将分散的财务任务集中在一起处理。在过去十年内，建立这种模式极大地解决了国内企业在会计运营成本和管控能力方面遇到的问题。然而，我们也必须认识到，劳动密集型产业本身具有成本和操作的风险。在智能时代，越来越多的共享作业将采用基于人工智能和机器学习的方式，逐渐摒弃依赖人工作业的模式。通过利用前端数据进行充分采集，并借助智能规则，财务共享服务中心的人力成本可以大幅降低，从而实现从劳动密集型运营向技术密集型运营的转型。通过借助人工智能技术，智能作业的智能风控能够实现更加全面、多样化的管理。在这个智能时代，我们需要采用新的共享逻辑。

7. 财资：平面与立体

在传统的财务资金管理系统中，主要侧重于平面化的财务资金管理。这种管理方式的重点在于标准化交易流程，如处理账户、结算资金、划拨资金以及对账等操作。这是目前许多国内企业在资金管理方面的基本状况。随着技术支持能力的提升，财务资产管理将不再是一种平面化的模式，而是进入了立体化的智能时代。财资管理已经逐步发展，从简单的交易处理模式转变为更为复杂的司库模式。在这种模式下，资产负债和流动性管理以及风险管理等方面的实践也变得更加多样化和丰富。还有，现在越来越多的公司将财务资源管理从内部资金管理转向供应链金融模式，以建立一个多层次、多方面的财务资源管理体系。这是财资领域在智能时代的全新思维模式。

## 二、财务分析智能化的实现及应用

### （一）财务分析智能化的技术实现

通常情况下，决策支持软件所隐含的假设是“其他条件不变”，这一假设条件在软件开发过程中具有至关重要的作用。尽管该假设条件的存在使软件编写变得容易实现，但它却使软件的运行效果与企业的实际情况产生了巨大的落差。为了实现财务分析的智能化，必须运用计算机技术，将企业的实际数据和决策模型动态地连接起来，从而将“其他条件不变”的假设转化为“其他条件已知并随经营状况的变化而变化”的假设。这种转变使分析模型和软件的运行建立在企业实际数据的基础上，建立在数据与分析模型、分析方法动态链接的基础上，以实现有效的人机互动，让会计人员摆脱手工分析的时代，替代人脑进行分析判断，自动生成图文并茂的财务分析报告，真正实现快速和准确的决策。

财务分析智能化系统，从外部通过建立接口导入数据之后，存储到数据库之中，供用户和系统调用。用户提供选择分析指标、分析报告内容驱动分析模块，执行分析推理过程。在分析推理过程中，要使用知识库中效应模块的分析模型和分析经验，某些分析判断还需要借助于分析参数。分析推理运算生成分析结果文字、图和表，再根据用户定义的报告输出内容和格式，经过报告生成器生成分析报告。

根据企业的财务报表数据，系统会自动生成一份图文并茂的报告，该报告将对企业的经营和财务状况进行分析和评价。该系统为用户提供了一个便捷的工具，使其能够轻松地设计和撰写一份符合自身需求的财务分析报告，避免了烦琐的数据查找、指标计算、图表制作和报告文字撰写等烦琐工作。该系统主要实现的智能化功能包括：第一，自动将财务数据导入系统中，并生成详尽的财务分析报告；

第二，提供年度、季度、月度和半年度的分析服务，支持多期分析，生成环比分析报告和基期比分析报告，为财务人员提供全面的数据分析；第三，提供全面的财务分析服务，包括各个方面的分析、内容分析、指标表和指标图，同时还支持自定义分析指标和分析报告；第四，提供的分析报告具有图文并茂、内容规范、繁简任意、格式可自定义等优点，让阅读体验更加高效；第五，对于分析报告，提供个性化的编辑和修改服务，以满足不同用户的需求。

根据历史经验，那些在企业管理方法和技术方面实现了重大突破，率先采用符合时代要求的先进企业管理技术的企业，被认为是发展速度最快的。智能化财务分析已成为财务管理从核算管理型向管理核算型转变的必然趋势，是客观需求之一。推广和应用财务分析智能化软件系统，将为财务部门提供高效准确的分析工作，同时为企业的科学决策提供精准、科学化的财务基础。将专家学者的知识和科学方法固定在计算机软件中，并让企业直接使用，智能化财务分析软件系统实现了工业化和信息化发展的同时，向智能化方向迈进。

### （二）财务分析智能化系统的应用

#### 1. 在企业中的应用

企业经营者、董事会成员、监事会成员、证券投资人员、银行信贷管理人员、企业财务管理部门、集团公司成员企业管理部门、政府机构、会计师事务所、管理咨询机构均是智能化财务分析系统的使用者。

尽管传统的财务管理系统已经解决了自动记账、出表和会计数据汇总统计等问题，但它仅仅是一种简单机械操作的替代方案，而对财务报告分析这一需要专业技能的综合性工作，只能依靠人工操作来完成。因此，每当月末月初，企业管理层的财务部经理等人就不得不在完成日常事务性工作的同时，熬夜收集、整理和解读报表数据，以完成仅能满足企业经营者单一需求的财务分析报告的撰写工作。

对于同一家企业的同一份财务报表，不同的使用者会因其立场和对企业关注角度的不同而得出不同的结论。通过智能财务分析系统，同一使用者可以从多个角度、以不同身份审视同一企业的财务状况和经营成果，并撰写多样化的财务分析报告，以满足不同用户的需求。这犹如为企业高层管理者提供了一个多元化的视角，使他们能够从多个角度审视企业的外在形象，并制定相应的政策和策略。

通过使用智能财务分析系统，可以将公司的财务状况与经营成果一目了然地呈现在财务人员面前，让他们清楚地知道企业的盈利能力如何、偿债能力怎样、营运能力怎么样等情况。这一举措极大地提升了企业的工作效率，使财务管理系统在辅助企业管理和决策方面发挥了更为卓越的作用。

该系统可直接从企业的财务管理信息系统中提取数据，并支持导入 Excel 报表。一旦将财务报表数据导入，仅需一分钟即可生成一份内容全面、结论准确、图文并茂的财务分析报告。在实际的财务分析过程中，财务分析智能化运用了多种手段，如图表展示、文字描述等，对企业的总收入、各单位收入、内外部收入、成本、费用、税金、利润等方面进行了深入的分解分析。同时，结合全面的财务数据，对成本习性、盈亏平衡点、营业安全水平、财务敏感性、资金状况预警等方面进行了挖掘分析，并最终出具了一份百余页的图文并茂的财务分析报告，全面展现了企业的财务状况。

当用户将原始数据导入系统后，系统还可自动调用同比增减数、增减变化率、完成预算百分比等数据，生成自定义分析报告或表格，并能够实现各类财务指标的定义和计算，形成完整的财务指标体系。系统自动判断选取影响收入利润变化的前几个原因，并运用因素分析法分析销售量、销售单价对收入的影响。系统可从市场、产品、客户多个角度分析收入、利润的完成情况，可对所分析的内容与预算对比、与上年同期的对比分析。

用户可任意组合更改分析报告内容的顺序、表格样式和图的表现形式等，同时设计了灵活的数据接口和人机对话窗口以适应不同分析的需要，支持 Word、PPT、HTTP 格式；用户可自由增加企业希望分析的新增项目，自定义分析的文字模板、图形模板、表格模板等；用户可针对不同分析报告需求者，定义不同的报告模板，分别提交给上级部门、单位领导和不同需求的分析人员。

系统设置了财务分析工作中常用的基本模板，同时支持自定义。通过生成报告管理功能，用户可将已建立的文字、图、表等分析模板组合成为一个新的图文并茂的大模块，并可将这个新组建的报告模块提交给相关人员审批。通过报告管理功能，可将经审核批准的报告模块组合成一篇完整的报告，并对这个报告模板进行管理，将已经组合完整的报告通过“生成报告”功能，以 Word 和 PPT 格式生成。用户可根据需要任意组合文字、图表，以适应不同分析的需要。

系统采用B / S（浏览器 / 服务器）架构，支持网络运行，数据共享，便于安装、实施和维护，还具有操作简单易用性、权限分配合理性等特点。用户通过网页浏览方式在各用户权限范围内操作系统，而且整个系统可实现轻松升级，只需在服务器安装升级程序即可完成。

2. 在金融领域的应用

在银行信贷部门推广使用智能财务分析方法之后，只要一得到贷款企业的财务报表，利用智能财务分析就立刻可以得到具有专业水平的财务分析报告，这不仅大大提高了工作效率，也减少了因信贷人员知识结构或主观随意性对贷款者基本财务报表分析的误差。运用本系统可解决信贷人员专业知识的不足，提高银行的信贷资产质量。目前已经有 100 多家中国的银行机构使用了北京智泽华软件有限公司生产的《智能化银行信贷风险预警系统》。

智能财务分析系统同样可以作为投资者的参谋，有了它投资者就可以轻松便利地对上市企业的财务状况和经营成果迅速做出深入全面的分析判断。它是投资者手中的显微镜和放大镜，因为它善于发现问题和揭示隐含在抽象数字背后的规律，激发人们进一步调查问题的原因。投资者只要访问智能财务分析服务网站，只要敲入某上市公司的股票号码，就可以立即得到该公司的近期财务分析报告。由于这种分析报告既不是上市公司自己“粉饰”过的，更不是券商“包装”过的，而是计算机根据财务分析专家知识，由第三者的中立立场做出的，所以更具有特别的意义。

总之，财务分析的智能化提升了计算机财务管理系统的目标，丰富了计算机财务管理系统的功能，完善了计算机财务管理系统的结构，使财务管理系统面向管理决策，IT 技术的有效应用提高了会计模型的使用价值，财务管理系统的性能发生了根本性变化，同时财务管理系统也变得更具人性化。

## 三、财务决策支持系统智能化

### （一）人工智能下财务决策支持系统机制构建

1. 新系统功能与结构

该新系统包括数据层、分析层、交互层三个部分。

数据层的职责涵盖了数据的采集、筛选、挖掘和储存等多个环节。通过运用自动数据传输程序和自然语言处理技术，我们能够快速地获取本地数据库中存储的内部决策有用信息，如业财、审计和信用信息，以及政府政策、税务、汇率、市场、法律和宏观经济等外部信息，这些信息都可以在互联网上进行公开。通过对海量异构数据进行数据清洗和挖掘，我们得到了多维度的决策有用信息，并将其分类存储在数据仓库中，从而实现了数据的高效利用。通过对这些数据源进行分析整理，建立一个以数据仓库为核心支撑平台的财务决策支持系统。数据仓库为新系统的深度学习和财务决策提供了强大的数据支撑，同时，数据的提前处理和分类汇总也为财务决策的及时性提供了可靠的保障。

分析层的任务包括进行财务数据分析、预测未来的财务情况以及做出相应的财务决策。财务预测和分析是制定财务决策的前提，任何财务决策都建立在对财务预测和分析的深入理解基础上。知识库、方法库、模型库和对应的管理系统以及人工智能分析系统，这些都被合并到了分析层中。我们在知识库里收集了多种涉及财务方面的专业知识和普适规则。在方法库中，包括了财务分析、预测以及决策方面的技巧。与此同时，在该库中存储了多种财务分析模型。这三个数据库管理系统有双重功能：它们可以响应人工智能分析系统的命令，从适当的库中提取所需的知识、方法和模型，并且可以自动嵌入深度学习算法，在后台创建新的知识、方法和模型，同时对现有的知识、方法和模型进行改进，以确保库的知识、方法和模型得到及时更新。财务决策目标会通过人机交互系统传达给人工智能分析系统。接下来，AI（人工智能）分析系统将向各个库管理系统和数据仓库发送指令，以检索所需数据供进一步分析。分析结果将通过与人交互的计算机系统进行反馈。整个过程中，人工智能分析系统扮演着重要的角色。人工智能分析系统中，内置了多个深度学习算法的推理机。一些推理机的工作是根据财务决策目标来确定需要使用的知识、方法、模型和画像类型。其他推理机负责进行财务分析，以便生成不同类型的描绘。另外一些推理机用于预测和制定财务决策。

“画像”是指利用数据分析和推断所得到的数字化的综合描述，以展现某一事物的全貌。对于企业来说，分析数据仓库中的数据可以描绘其特征，包括组织结构、治理机制以及风险倾向等。此外，通过对财务绩效、现金流情况和财务风险水平等数据进行实时分析，也能够提供准确的企业描绘。分析企业所涵盖的投资、资金筹集、市场销售和宏观经济等外部环境因素，有助于深入了解外部环境的全貌。重要的是，各种类型的图像不仅能够提供高度综合的分析数据和结论，而且还能支持进行数据挖掘，以满足后续计算的需求。通过深度学习算法，可以将企业画像和外部环境画像进行匹配，从而实现财务预测。同时，结合综合财务分析的结果，得出最终的财务决策。通过采用机器人流程自动化（RPA）工具，可以自动化处理那些在财务决策制定过程中具有高度重复性，逻辑确定且稳定性要求较低的环节，从而进一步提高财务决策制定的效率。

财务人员可以采用新系统，以往的财务分析和预测需求针对低频需求。例如，预测未来可能的财务决策目标，并进行相关分析工作，以确保系统能够适应财务决策的要求。这样做可以使系统更加高效地响应需求。人工智能分析系统可以利用深度学习的成果，将企业的状况、外部环境的情况以及财务决策的目标进行对照，以协助人类做出最恰当的财务决策。以企业金融资产投资决策为例，利用企业画像和外部环境画像，提取与企业财务状况、风险倾向、市场系统风险以及风险溢价相关的变量。结合不同金融工具画像的风险和成本等变量，运用深度学习算法构建决策模型，以找到最佳投资组合。这样做可以有效地将企业需求和金融工具的特点匹配，从而找到最优方案。

此外，在实施财务决策时，新系统会自动进行财务分析和预测，并持续更新数据仓库的数据。这一方式可以确保画像及时更新，提高财务决策管理的效率。同时，系统也能监测和控制财务决策的执行情况，及时识别风险并在必要时进行调整，从而增加财务决策的灵活性和精准性。

交互层作为新系统与决策者之间的桥梁，负责连接二者之间的联系。通过运用语音识别和自然语言处理技术实现的人机交互系统，使决策者可以使用平常的口语与系统进行沟通。在财务决策的过程中，人机交互系统会运用自然语言处理技术，确定财务决策的目标，并将该目标传递给人工智能分析系统，以实现高效的决策过程。我们可以利用人机交互系统来生成各种报告，如财务分析、财务预测和综合决策等，这些报告皆与执行财务决策密切相关。倘若有必要，我们能够按照决策者的要求来定制报告。

2. 新系统信息化决策驱动机理

尽管股东是财务决策的最终承担者，但由于信息不对称，他们常常无法察觉高管代理问题，从而导致利益受损；另一方面，作为企业的实际管理者，高管在制定日常经营决策时，必须考虑到信息的局限性和模糊性，以确保决策的准确性和有效性。确保决策质量的基础在于获取高质量的决策所需的有益信息。为了提高决策信息的质量，我们需要从增强数据的多维性、全面性和准确性入手，而新系统则以大数据为基础和推动力量。

利用互联网，新系统能够实时获取大量结构化、半结构化和非结构化数据，包括财务报表、供应链、市场、行业、证券市场和网络舆情等信息。企业的财务状况和外部财务决策环境在多个方面得到了原始数据的描绘，然而这些数据的结构混乱、质量参差不齐，无法直接应用于财务分析，因此需要进行数据清洗和挖掘。在对这些数据进行预处理后，再运用大数据分析工具，如聚类分析、决策树、神经网络、关联规则、粗糙集模型等方法来实现数据中隐含的有价值信息挖掘和知识发现，使其成为多维度的有用信息。通过对某一类产品进行多维度的分析，我们可以从产品型号、产量、销量、主要市场等多个方面提取相关信息，以快速获取某地该产品的销售状况。资产的流动性可以通过多种指标进行评估，如流动比率和速动比率等，这些多维度的决策信息可以帮助深度学习算法评估和判断企业的偿债能力、盈利能力、经营能力、成长能力、风险承受能力和风险偏好等关键要素。基于指数级指标的人工智能技术相较于以往的固化指标评价结果，具有更高的准确性，从而确保了财务决策的适宜性。

利用决策提供的有益信息，进一步展开财务分析、预测和决策工作。通过运用现有的财务分析技术和相应的深度学习算法，财务人员能够对企业的偿债能力、发展能力、盈利能力以及营运能力进行全面的分析和评估。企业画像就是由这些财务分析数据和企业特征数据相互交织而成。

3. 新系统决策模型构建

利用基于管理会计信息的大数据决策支持，新系统实现了财务分析、预测和支持工作。在每一次财务决策任务中，财务分析和财务预测模块都扮演着支持性的角色，为决策数据提供有力支持。

（1）筹资决策

首先，运用财务分析技术获取企业画像、外部环境画像以及筹资工具画像，为制定筹资决策提供必要的数据基础。财务决策的目标可能涵盖多个方面，包括但不限于资金筹集期限、资金筹集金额以及资金筹集成本等要求。其次，利用数据挖掘技术构建了一个基于大数据分析的智能财务决策平台。

（2）投资决策

投资决策的基础在于企业画像和外部环境画像，根据不同的投资目标，可能与偿债能力、营运能力、治理结构、利率、税率、市场和行业因素以及法律法规的合规性等因素相关。根据具体的决策目标，运用大数据分析和数据挖掘技术，提取不同的数据，以定制的方式呈现拟收购企业、新产品、新设备、新技术和金融工具的画像。

（3）成本决策

为了更好地了解企业的成本构成和规模，根据不同的成本决策目标，财务人员可以运用企业画像进行数据挖掘，进一步细化人员、生产和资金成本画像的信息，从而更准确地揭示企业在人力资源、生产运营和资金运用等方面的成本情况。如果想要做出成本决策，就需要仔细分析供应商或分销商的成本情况，因为这将是关键因素之一。根据决策目标的要求，对成本规模、产品或服务质量等方面的各类画像进行匹配，并预测可能带来的财务后果，从而得出成本决策。

（4）特殊决策模型定制

除了传统的财务决策支持服务，新系统还提供了定制化决策模型，以满足决策者对于超过财务目标范畴的决策需求。新系统将使用深度学习算法来处理需要做出特殊财务决策的情况。它能够根据之前做出的决策经验自动推断出所需的类别，然后决策制定者可进行适当的调整和修改，以满足当前的需求。这一过程不会改变文本的意思。然后，用户能够以财务决策目标的分解为基础，挑选出合适的分析方式，运用深度学习算法进行计算，以获取财务分析和预测数据的结果。最终，根据财务预测结果的综合情况，向决策者提供决策参考建议。此外，用户还将把关于画像类型的相关信息、分析和预测结果以及最终决策等内容收集起来，作为下一次特殊财务决策模型的个性化分析和存档的资料。这些资料将为未来的决策提供有价值的参考。

4. 新系统工作原理

管理会计信息是财务决策的基础，它综合了其他决策相关信息，并运用专业的分析方法和模型，从而得出决策。为了做出新产品开发的投资决策，必须收集与变动成本、机会成本、专属固定成本等相关的成本数据，并根据这些数据选择适当的定价方法，以预测新产品的利润。在做出决策时，需要综合考虑企业的财务和非财务信息，包括资金状况、市场需求情况以及宏观经济情况等多个方面的综合因素。在进行财务决策支持时，新系统采用了一种基于决策有用信息的财务决策方法和模型，以支持财务决策的实施。

（1）决策有用信息的获取

财务决策的起点在于获取有价值的决策信息。企业在经营活动中获取大量信息，并通过这些信息做出正确的判断和决策。就像 ZestFinance（美国金融科技公司，主要做的是将机器学习与大数据分析融合起来，提供更加精准的信用评分。）公司运用机器学习方法对个人信贷风险指数业务进行评估一样，所有数据都是信用数据。对于企业而言，所有的信息都是决策所需的有益资料。在信息收集的过程中，新系统不会对信息进行筛选，从而确保了决策所需信息的全面性和实用性。为了提升决策所需信息的相关性和可用性，必须对这些数据进行进一步的加工和处理。利用自然语言处理技术对非结构化数据进行结构化处理，以提取关键实体信息并探索这些信息之间的数据关联。通过构建基于规则库的决策树模型，实现了对大量非结构数据中隐含知识的发掘。利用经过数据净化的结构化数据，进行数据挖掘操作。该新系统提供了高品质的决策有用信息，其中包括数据本身以及数据之间错综复杂的关系。

（2）财务决策方法和模型的建立

财务决策方法和模型是连接决策所需信息和财务决策之间的桥梁，体现了二者之间的逻辑联系和因果关系。财务决策的品质受到财务决策方法和模型的显著影响。通过运用深度学习算法，我们能够向新的系统提供有价值的决策信息。这样一个不断迭代、反复调整的过程就是财务决策过程。训练好之后的新系统可以根据不同类型的样本自动生成相应的财务决策规则库。一旦经过充分的训练，新系统将能够提炼出其独特的财务决策方法和模型，从而实现无须人类干预的财务决策。这些财务决策方法和模型或许与目前已固化的模型有所区别，因为它们是一个更为复杂的函数体系，对数据的拟合程度也更高。随着不断增加训练次数，这些方法变得更加复杂，从而提高了财务决策的质量。

（3）财务决策的生成

一旦新系统接收到财务决策目标，便即刻启动财务决策支持程序，以确保决策的准确性和有效性。根据财务决策目标，新系统将挑选经过训练的财务决策方法和模型，并根据这些方法和模型筛选出决策所需的有益信息。经过精密的计算和深入的分析，最终得出了财务决策的结论。

### （二）人工智能下财务决策支持系统实施路径构建

1. 实施环境构建

（1）支持系统构建

①基础业务及财务系统构建

新系统所需企业内部数据的重要来源，包括但不限于ERP（企业资源计划）系统、HR（人力资源）数据库等现有业务和财务系统。在数据处理方面，相较于人工操作，计算机所处理的数据具有更高的可靠性。因此，随着基础业务和财务系统的广泛覆盖和自动化程度的提高，新系统中的数据质量也会相应提高，从而为提高财务决策的质量提供了可靠的保障。另外，通过构建基础业务和财务系统，实现了数据导入的完全计算机化，从而极大地提升了数据导入的效率和效果。因此，在建立新的系统之前，企业必须先对基础业务和财务系统进行全面的完善。

②数据仓库构建

所有从基础数据库中收集的信息，经过一系列的清洗、加工和归类整理后，按照主题存储于数据仓库中。因此，数据仓库中储存了所有与财务决策相关的数据，为财务决策提供了坚实的数据基础。确保企业数据仓库的安全性、可靠性和容量充分性，是不可或缺的。对于大型企业而言，建立自己的数据仓库是一项具有挑战性的任务，因为这种数据仓库的建设成本较高，且其可扩展性较差，但是可以通过内网进行连接，从而确保其安全性得到保障。企业亦可考虑采用云端数据仓库，由专业运营商负责构建和维护，仅需支付使用费，即可大幅降低时间、人力和财务成本。近年来，其安全性得到了不断的提升，为其带来了更加可靠的保障。

③相关人才系统构建

公司财务领域的新系统使用是一次革命性的变化，它不仅会改变管理者传统的财务决策方式，而且还会对普通员工的日常工作产生深远的影响。企业应该在两个方面进行努力：一方面，关注员工的心理需求，领导必须带头，积极推进新系统的构建工作；另一方面，必须对员工和管理层进行必要的培训，以便他们能够尽快熟悉和掌握新系统的功能和使用方法。随着新系统的投入使用，基层管理者的工作职责将会发生重大变化，企业应该为他们提供更多的职业发展机会和培训，以便他们掌握更高端的管理和专业技能，进一步提升员工能力和为企业创造更大的价值。

（2）相关制度支持

①授权制度

使用新系统的用户具备多种权限，包括浏览财务数据、更改财务数据以及获得财务决策支持。应该根据各级管理人员的具体需求来精细化地分配权限。所有新系统用户都应该能够获得公开信息，但可以根据用户的职能层次来限制其数据分析权限，以实现有效的权限控制。在管理方面，需要清晰分辨集团高层管理和子公司高层管理之间的区别。在进行财务决策时，集团高层管理者必须考虑到整个集团的长期发展和战略规划，因此需要全方位地了解集团内外部的信息。此外，他们还需要能够随时审批、查询和获取所需的财务数据，以满足自身的决策需求。子公司高层管理者的数据访问权限受到某些限制，只能访问子公司的所有信息，无法访问其他公司的信息。中层管理者需要做出财务决策，以满足各部门的发展需求，包括控制成本等方面。他被授权进行数据挖掘的权限仅限于他所在部门的内部信息范围内。

基层管理人员通常需要关注企业日常经营活动，如原材料供应等，因此只有与他们的工作需求相关的数据挖掘权限才应该授予他们。

为了防止舞弊行为的产生，财务数据修改的权力应当严格限制，并进行授权审批程序的执行。禁止人为修改由业务和财务系统自动生成的数据。如果需要更正手动输入的数据错误，必须按照各个业务部门的审批程序进行操作，例如需要修改财务数据的凭证记录时，必须由会计主管取消审核。除了具有修改权限的人，其他人对新系统数据的修改将受到严格限制。

②追责制度

企业管理层一直承担着财务决策的主体责任，而财务决策支持系统则作为辅助决策工具，以提高决策质量。然而，最终的决策权仍然掌握在管理层手中，因此引入新系统并不会减轻管理层的责任。财务决策出现错误时，必须由决策发起者负责并承担相应的损失责任，以保障企业利益。基层管理者应当对新系统所做的财务决策进行监督，因此，当自动执行的财务决策出现失误时，应该调查基层管理者是否履行了监督责任，如果没有履行，则应承担失职的责任。

2. 财务决策具体定制路径

（1）常规决策

常规的财务决策是指企业在日常的生产经营活动中频繁进行的财务决策，如催收应收账款等，这些决策通常是经过结构化或半结构化的处理。通过对新系统进行训练，我们可以获得一种最优的财务决策模型，该模型能够提供最优的决策方案。这种决策模型能够使决策者及时准确地判断出各种可能出现的情况，从而避免不必要的损失和浪费，提高决策效率。以确定采购时机为例，新系统利用实时收集的财务信息，监控原材料的库存情况和每日生产领用情况，结合销售合同和车间生产计划书等资料，预测未来的领料量，并根据供应商规模、销售情况等信息，精准计算材料到达所需的时间。一旦上述信息被输入到训练后的决策模型中，并满足再订货选择条件，新系统将自动向仓库等相关部门发出采购决策通知。该决策支持系统是一种基于大数据的企业信息化管理系统，它利用数据仓库和数据挖掘技术为决策者提供决策支持服务。

（2）复杂决策

复杂的财务决策，是指企业在日常生产经营活动中不太频繁涉及的财务决策，其复杂性和特殊性使其成为一种独特的财务决策方式。这些财务决策问题往往具有不确定性和复杂性特点，其结果会导致公司财务状况恶化，甚至破产清算。一般情况下，这样的决策在企业管理中并不是十分的常见，但是管理者应当认识到这种决策的重要性，它经常会直接影响企业的发展前景，也正是由于这一方面的原因，对决策质量的要求就显得十分的高。另外，复杂决策往往发生在企业中、高层管理以上。这种决策可以被细分为两种类型，一种是针对已经经过培训的财务决策做出的，另一种则是全新的财务决策。

如果财务决策没有经过训练，新系统可以利用已经训练好的知识和模型来做出最终决策，但为了确保决策的质量，必须由负责的组织对决策结果进行检查和评估。新系统将会记录决策者对最终决策的修改，并根据决策模型中的相关系数进行相应的调整。每次进行财务决策都是对新系统的磨合和测试，随着决策次数的增加，新系统的精度和可靠性也会逐渐提高。

新系统不仅仅能够解决经过训练的财务决策问题，而且能够利用已有的知识和模型，进行推理和预测，从而形成初步决策，应对全新的决策。一旦获得财务决策结果，决策者可以通过自然语言与新系统进行交流，对决策条件进行补充和修改，进一步完善财务决策方案，深入研究部分财务决策，直到达到组织的满意度。新系统会不断学习和优化参数设置，从而提高其对未来全新决策的应对能力和财务决策质量，在决策者对财务决策结果进行修正时也会自主进行相应的调整。

这个新系统可以有效地跟踪和记录所有类型的财务决策的实施情况，不论它们是简单的还是复杂的。系统将自动进行参数调整以修正偏差结果，以保证其仅在企业可承受的范围内发生。新系统将分析那些导致决策结果严重偏离目标的原因，并在修正模型的同时，向相关的部门或组织输出分析报告。

3. 财务决策评价与系统持续完善路径

（1）财务决策评价原则

①财务决策目标匹配原则

财务决策的起始点即为追求的目标。财务决策目标在不同层级的决策者中呈现出多样化的特征。高层决策者的决策目标更加注重企业的整体发展，包括但不限于并购、新市场拓展等方面的决策。然而，较低层级的决策者往往会将其目标更加具体化，例如在供应商和生产线的选择方面进行决策。针对不同层次的目标，应当制定相应的财务决策方案，以确保其相互匹配。为了实现对企业整体发展的指导作用，财务决策方案应当涵盖更广泛的内容，并对方案进行更加细致的分析，以满足高层次目标的需求。为了更好地满足基层执行者的需求，我们需要制定更为具体的方案，明确具体的执行步骤，以便他们能够更好地参考和执行。

②财务决策方案可行原则

企业的发展受到财务决策的影响，这种影响既包括决策本身的质量，也包括决策在执行过程中的效果。虽然新系统已经考虑了内在资源和外部环境对财务决策的影响，但在实施决策之前必须进行可行性评估，以保证决策的高质量。在财务决策中，需要重点考虑企业现有的关键资源是否能够为执行方案提供必要的支持，并且这些资源是否能够满足需求。此外，我们还需要评估采用的财务决策方案是否符合成本收益原则。除此之外，还需要考虑方案落实时周遭环境是否支持企业，同时对方案的风险程度进行全面评估，以确保企业能够接受方案并顺利实施。在决策者参与的财务决策中，这一原则显得尤为关键。原因之一是，这些财务决策通常非常复杂而且非程序化，同时影响范围也非常广泛，因此需要更加小心谨慎地进行决策。此外，由于管理者可能会受到自身能力和个人观点等因素的制约，在修改决策方案时，有可能无意中影响到方案的可行性。

③执行效果达标原则

企业未来发展的另一个重要影响因素是财务决策的执行效果，因此除了对财务决策进行事前评估外，还需要对其执行情况进行事中和事后评估。对于执行效果评价而言，必须运用主要财务指标和业务数据与行业平均水平、行业领先水平、主要竞争者、企业历史数据以及预算数据进行比较分析，同时还需关注不同层次管理人员和实际执行者的反馈意见，并在涉及企业外部利益相关者时及时收集他们的反馈，以确保评价的全面性和客观性。收集企业全体员工的意见，有助于营造全员参与企业财务决策的氛围，进而激发员工的积极性，从而确保财务决策的有效执行。此外，在对公司内部各部门人员的调查研究基础上，可将管理者的意见建议作为重要指标纳入财务计划体系，以确保其发挥更大作用。

④财务决策过程成本收益原则

收集的数据越多，进行财务分析的精度就越高，也就容易做出更好的财务决策，但同时也需要付出更高的成本。即使新系统能够显著提升财务决策的质量，但如果决策成本无法得到弥补，那么新系统也将无法得到有效利用。财务决策应该考虑成本和收益，并根据决策目标的重要程度确定不同的精度和详细程度，以进行财务分析和预测，保证决策质量的同时控制成本。

⑤财务决策过程高效率原则

财务决策的制定必须高效，因为经营机会是瞬息万变的，错过了机会就意味着失去了获得成功的可能性，即使财务决策最终是正确的，也已经无济于事了。高效率的财务决策过程和高质量的财务决策同等重要。高效率原则要求财务决策过程中，新系统必须选择适当的算法以提高数据运算速度。同时，为了节约资源并提高决策效率，不同重要性的决策目标必须控制不同的分析程度和决策精度，这与成本收益原则一致。

（2）系统持续完善路径

财务决策评价是由系统不断完善提升的，在财务决策的前、中、后期都贯穿了财务决策的六条原则。在确定最终决策方案后，需要先进行决策过程的合法性评估、目标符合程度的评估以及可行性评估。只有当这三个方面达到标准时，才会发布财务决策，并通知适当的人员执行。在运营过程中，及时获取经济资料并建立员工反馈渠道，强化对各级员工、利益相关者意见的关注并整合官网、销售电话等方式收集外部声音，以监督和控制财务决策执行效果，并重新评估其可行性，确保企业向正确的方向高效发展。财务决策执行后，需要对其进行综合评估，其中包括评估成本收益原则和效率评价，以评估制定财务决策的过程。若领导层需要，财务人员可以撰写一份分析性报告，其内容或许涵盖关于重大财务决策的制定历程、原因探究、执行效果评估等诸多信息。

在执行财务决策前，如果发现可能存在合规问题，就需要评估这些问题对最终财务决策目标的影响，以及它们是否会影响决策的可行性。需要考虑是否有必要暂停财务决策的执行并做出权衡。同时，由于违反合规规定可能导致其他类似的财务决策错误，因此需要立刻分析问题的根本成因，并采取相应的措施进行纠正。若目标的适配性和执行可行性遇到难题，应当立即中止操作并寻找原因，特别是要留意该问题是否还会牵涉到过程合规性方面的问题。只有通过以上三个评估步骤后，经过修改的财务决策才能被执行。如果决策实施后的效果与预期不符，有必要进行分析，以确定是否存在决策可行性问题，同时也需要考虑企业所处的外部环境是否发生了重大变化。只有在情况确实发生时，才会考虑是否需要暂停执行决策。在遇到可行性问题时，需要同时审查财务决策以及评估决策和可行性检验过程中潜在的问题。当外部环境发生显著变化时，必须迅速修正财务决策，并重新运用以上评估流程对新决策进行评估。新系统将会记录财务决策方案修订时错误的根本原因。通过自我学习的方式，系统会学习并对自然语言处理系统、财务分析和决策模型等进行优化和调整，以提高未来财务决策的支持质量。

4. 人机协同实现机理

（1）财务决策目标提出与分析

新系统的财务决策支持源于决策者提出的财务决策目标，这一驱动力推动着系统的发展。一旦新系统接收到具体的财务决策目标，它会自动进行目标分析，并将其中隐含的约束条件分解出来，整个过程无需人工干预，由新系统自主完成。针对新出现的复杂决策，由于训练次数的影响，目标分析效果可能会受到限制，因此在决策方案生成后，需要经过决策者的审定以确保分析效果达到最佳状态。

（2）财务决策方案制定与反馈

新系统主导下，财务决策方案的制定和反馈得以实现。根据财务决策目标分析的结果，新系统能够自主生成企业画像，对财务数据进行分析和预测，并制定相应的决策方案，同时以图表等多种形式输出决策方案和相关依据。决策者并非必须参与新系统决策生成的过程，但这并不意味着他们不需要参与重要或复杂的财务决策的制定。在决策结果生成后，决策者应该对报告进行审阅，并审定或修正自动生成的财务决策。

（3）财务决策方案审定与修正

人机密切配合是必要的，以确保财务决策方案的审定和修正能够得到有效实施。财务决策报告能够包含财务分析和预测数据，同时提供原始数据以便决策者深入了解决策过程，从而使决策思路更加清晰。决策者可以检查决策逻辑，将自身的知识和经验与新系统的财务决策进行比较，发现差异时可以直接在系统中修改决策方案，或者加入新的决策约束条件，并要求新系统重新进行决策。对于复杂或重要的财务决策，审定与修正过程是必需的，因为这能确保最终财务决策的质量，同时也能促进新系统的自我学习，提高每次决策的准确性。

（4）总结与评价

新系统主导着总结与评价的过程。新系统能够自动保存和评估修改后的财务决策结果，并及时警示决策者有不符合标准的方案，提示他们注意。只有符合要求的方案才能被输出。新系统在主导评价过程的同时，仍需要吸引内外部利益相关者的广泛参与。通过不断收集利益相关者的反馈，对财务决策的制定和执行效果进行跟踪和改进，以实现持续提高。一方面，定期撰写报告并提交给管理层审查；另一方面，将结果用于新系统的自我学习。

## 第三节　财务大数据

### 一、大数据对企业财务的帮助与指导

在大数据时代，采用外部资源已被证明是一种非常有效且直接的风险管理工具。在当前形势下，财务和会计部门的重点已经从仅仅遵守规定和管理内部控制转移至更加注重外部因素对企业经营绩效的影响。例如，监管政策的变化、供应链风险、自然灾害等都已成为他们关注的焦点。随着时间的推移，财务和会计团队将在评估企业增长战略所涉及的风险方面扮演更为重要的角色。这些方面涵盖了收购、进军新兴市场等。因此，未来的财务和会计从业者需要思考如何利用大数据资源，全面了解企业风险，并引入多样化的数据集，以提高对风险的认知并降低企业遭受风险的可能性。企业用户应该利用大数据技术来预测风险，而不是仅仅依靠事后的风险分析。运用预测分析学、统计建模和数据挖掘等技术，可以审视投资机会的可行性，并预测新市场和新产品的可投资风险。虽然在实际操作中会遇到一些困难，但是大数据确实为财务会计行业带来了许多机遇。在进行大规模数据分析和预测时，需要注意因果关系与相关性之间的区别。虽然相关性表现出数据趋势的一致性，但这并不代表因果关系的存在。证明因果关系需要更加深入的分析和考察，因此我们需要时刻提醒自己避免将二者混淆。

大数据技术在银行业的应用，能够有效解决传统信贷风险管理中信息不对称的问题，提高贷前风险评估和贷后风险预警的准确度，实现风险管理的精准和预见性。银行业可以通过全面整合客户的多渠道交易数据和个人金融、消费、行为等信息，来进行授信，从而降低信贷风险，打破信息孤岛。建设银行利用“善融商务”平台开发了大数据信贷产品“善融贷”，通过实时监控社交网站、搜索引擎、物联网和电子商务等平台，对客户的人际关系、情绪、兴趣爱好、购物习惯等多方面信息进行跟踪分析，以预测其信用等级和还款意愿的变化。同时，在缺乏信贷强变量的情况下，银行会及时利用客户的教育背景、过往经历等变量进行组合分析，以建立起信贷风险预警机制。从历史数据分析向行为分析的

转变，将为当前的风险管理模式带来革命性的变革。

## 二、大数据收集中的财务风险

### （一）宏观数据收集的风险

1. 数据管理的风险

风险管理的职责在于构建一套适用于公司的风险管理体系，其中包括风险节点的识别、风险评估、风险监控技术以及风险管理结果的检测，以确保企业的健康和可持续发展，并将风险控制在可承受的范围内。随着宏观经济环境的不断演变，风险管理已成为企业财务管理中不可或缺的重要组成部分。随着时间的推移，企业所面临的风险不断攀升，而企业所处的环境也变得越来越不确定，这将成为一种司空见惯的现象。企业所处的外部环境，受到经济周期、资源竞争以及内外部环境变化等多种因素的影响，呈现出不确定性和必然性。

随着大数据时代的到来，数据的价值正在不断凸显，这对于数据管理提出了更高的标准和要求。由于数据管理不到位，企业面临着财务数据管理方面的风险。具体表现为，财务系统可能会受到病毒、网络攻击、火灾以及自然灾害等不利影响，导致无法正常使用，进而引发各种不良后果。由于管理不当，导致财务数据的遗失和篡改，使这些数据无法被有效地利用。在保护财务数据方面，企业首先需要不断完善制度建设，并采取异地备份和其他管理机制。特别是在当前信息系统一体化的条件下，需要重视数据安全问题。其次，需要加强对信息安全的管理，建立可靠的防火墙和杀毒系统，以确保信息得到可靠的保护。最后，是需要明确数据管理人员的责任，并制定相应的数据管理控制机制。

2. 数据质量风险

在大数据时代，企业需要处理的数据种类繁多，然而这些数据的质量却千差万别，包括但不限于数据不一致或不准确、数据陈旧以及由人为因素引起的错误等，这些数据通常被归类为“脏数据”。由于数据挖掘的本质是以数据为基础的，因此保障数据的质量显得至关重要。在进行数据分析时，“脏数据”常常成为一个非常棘手的问题。在实际应用中，这些“脏数据”会严重降低企业对数据信息的挖掘效率和准确度，甚至可能误导决策者做出错误的决策。数据的质量问题常常会导致分析结果的偏差，从而对决策的准确性产生负面影响。由于数据库的动态性，大量数据呈现出不完整、冗余、稀疏，甚至错误的特征，这将给数据知识的挖掘带来相当大的挑战。数据分析模式抽取的准确性会受到人为因素的干扰，例如数据的处理和主观选择等，这些因素都会对其产生影响。分析的准确性和效率会受到大量冗余数据的干扰，这会对数据的完整性和可用性产生负面影响，因此，在当今大数据时代，盲目地收集各种海量的数据是不可取的，因为这将成为一种沉重的负担，数据的规模仅仅是大数据的一个特征，而数据的价值、传递速度和持续性才是至关重要的关键。在当今大数据时代，通过对数据质量进行严格的管控和有效的管理，可以显著提升数据分析的精准度和准确性。数据管理的核心环节在于数据应用者比数据所有者和拥有者更加深刻地认识到数据蕴含的价值。随着数据的爆炸式增长，宏观数据的质量在大数据时代变得至关重要，因为它直接影响着数据应用的效率和效果。企业在使用宏观数据时，面临的主要风险是由于数据不准确而导致的错误分析结果，从而误导管理层；由于数据缺失而导致的误判或漏检等情况。因此，企业对数据进行收集、加工与整理之后，需要将这些数据提供给决策人员使用，以便更好地实现决策目标。确保数据质量是企业在数据采集、处理和应用过程中不可或缺的一环，必须严格把控每一个环节。在评估数据的品质时，必须全面考虑数据的精确性、完整性、一致性、可信度和可解释性等一系列衡量标准。

### （二）内部数据收集的风险

#### 1. 成本数据的完整性

风险管理与企业内部控制互相依存，两者内容密不可分。有效的内部控制是企业适应外部环境、降低风险发生率的主要保障，因此，风险管理的重点在于内部控制的优化。另外，企业的成本是影响其市场竞争力的重要因素之一。成本控制与分析的专业人员需要在财务知识的基础上，深入了解企业的生产流程和内部管理流程。他们关注生产效率、报废率、成本和费用的差异，并使用大数据技术采集与成本相关的数据，将其应用于成本控制系统中进行分配和汇总，分析成本结构。这种做法可以有效地管理公司的费用支出，为决策制定提供指导。因此，当企业运用大数据技术进行风险管理时，他们能够获得更全面、更精确的业务数据。另外，采用财务云中的智能处理系统，可以精确地分析和综合风险情况。利用大数据技术进行信息处理，企业能够轻松地自动评估风险。系统能够通过智能分析各种资产的情况，为用户提供详细并可信的风险分析报告。这些报告有助于企业更高效地开展风险管理，同时，大数据处理系统还可以提前预测风险、实时控制风险以及进行事后的风险管理，进一步提升企业风险管理的前瞻性。借助大数据技术处理系统，企业可以获取更多及时有效的信息，有助于企业分析投融资、财务收支及风险控制等，为经营决策提供指导，降低无效流程和成本，优化管理，并实现有效的内部控制，尽可能减少企业经营风险。

2. 财务数据应用风险

企业在数据应用过程中面临的风险主要表现在对高质量数据的不当应用，例如使用错误的财务分析模型或者人为滥用数据，这些行为可能导致偏离数据应用的目标。企业商业机密泄露可能是由于财务数据在应用过程中未经妥善管理或受到人为因素的影响。企业必须高度重视大数据的应用管理，首要任务是确定数据应用管理的目标，建立有效的数据应用管理机制，以保证数据的应用效益。其次，需要明确数据应用者的管理职责，并加强核心信息的管理，以确保企业核心商业机密的安全性在数据应用过程中得到保障。

3. 财务数据过期风险

在传统数据管理中，重点在于数据的存在和满足企业需求，而在大数据时代，数据的时效性成为企业越来越重要的要求。企业财务数据过期风险的主要表现在于企业对数据时效性管理不到位导致财务数据反馈不及时，进而影响决策的及时性，从而错失商业机会。因此，企业应该从战略导向出发，高度重视数据应用的时效性管理，同时在财务数据获取环节充分考虑时间的及时性和可靠性。在数据应用环节中，需要仔细挑选数据并确保财务数据能够更好地适应现在和未来的需求，只有这样，企业才能在不断变化的市场环境中充分发挥作用。

### （三）大数据引发的会计信息风险

1. 共享平台建设略显滞后

为了促进会计信息化的繁荣发展，我国于 2004 年颁布了国家标准《信息技术会计核算软件数据接口》（GB/T19581–2004）。2010 年 6 月，国家发布了一系列更新版的《财经信息技术会计核算软件数据接口》标准（CB/T 24589–2010）。

随着 XBRL 国际会计数据标准的出现，我国在 2010 年 10 月发布了《可扩展商业报告语言》（XBRL）技术规范（GB/T 25500.1–2010）系列国家标准和《企业会计准则通用分类标准》。可以看出，我国一直处于会计数据标准的制定和应用方面的国际领先地位，特别是在 GB/T24589–2010 系列标准方面，其中不仅涵盖了会计科目，还包括了一系列其他方面的内容。

在大数据的背景下，企业采用云会计的推广和应用可以为其带来诸多好处。企业用户可以与云会计服务商达成使用协议，并按时支付费用，从而享有海量的存储空间，将各种会计信息存储在云端，同时软件的开发和维护也由云会计服务商全权负责，这样一来，企业用户的运行和维护成本可以大幅降低。云会计的应用可以让企业将精力集中于经营管理方面，而将会计信息化的基础建设和软件服务工作交由互联网企业进行外包，这种方式的优越性和高效性非常明显，有助于推动企业管理模式和思维方式的转型。同时，企业中推广正确的会计应用是必要的，但是目前仍然存在一些难以克服的问题，这些问题不仅限制了云会计服务商的发展，还使得企业对采用云会计产生了许多疑虑。

为了满足中小企业用户的需求，需要进行大量的前期准备工作，以综合分析用户的需求，从而提供一套与其需求相符的会计信息化系统。云计算供应商与传统的按需定制软件不同，其服务的适应性、扩展性和灵活性要求极高，需要满足不同用户、地域和业务规则的需求，并在技术上提出更高的要求。因此，云计算平台建设对资金投入和技术水平的要求十分的高，而且研发周期相对较长，为此存在较高的风险。

当前，享有高度认可的云计算平台几乎全都源自美国，包括谷歌、亚马逊、Salesforce.com（客户关系管理软件服务提供商）、Facebook（脸书）等，除此之外，微软、富士通、IBM（国际商业机器公司或万国商业机器公司）、SAP（全球知名的企业应用软件提供商）等 IT 巨头公司也在企业内部构建了各自的云计算平台。我国在财务会计信息化的云计算平台方面正在起步阶段，与国外先进的云计算技术平台相比还有很大的进步空间，并且需要加大推广应用的力度。国内云会计平台的发展滞缓，对于云会计作为一种新型会计信息化模式的普及和推广带来了巨大的挑战。云会计的实施效果受到云会计服务供应商的影响，他们的专业能力和售后服务质量对云会计的应用效果有直接影响。如果云会计服务提供商的技术支持反应不及时或停止运营，有可能会严重干扰企业的日常运转。因此，缺乏高效的云会计平台建设，将直接拖累会计信息化的发展进程。

2. 数据标准缺失困境

数据的共享和一致性必须建立在统一的标准基础之上。数据的质量标准对于保持数据在不同环节的一致性至关重要，如果这方面存在缺失，将会极大地限制数据的应用范围。此外，数据标准的缺失也会导致云会计服务的应用和服务标准难以制定，因此对于不同云会计服务商提供的服务进行统一的计量计费也面临着困难。如何衡量和界定服务的品质水准？如何实现服务的一致性部署？这些挑战也导致了云会计的推广面临艰巨的阻力。

3. 安全问题困境

云会计的安全问题不仅关乎当事企业，还涉及许多第三方企业的利益，若能妥善解决，将有助于推动云会计的发展；反之，若处理不当，涉事企业将面临经济、信用等多方面的重大风险。云会计存在存储方面的安全问题，这是一个值得关注的问题。云会计服务商采用虚拟化和分布式技术存储数据，使用户无法知晓数据的具体位置，同时，云会计服务商的权限可能高于用户，若存储技术不完善，会计信息将面临极大的安全风险。在传输方面存在安全问题，传统的会计数据在内部传输时，通常采用简单的加密方法，但一旦传输到云会计服务商的云端，可能会被恶意用户截取、篡改或删除，从而造成巨大的损失。

在身份认证管理方面，由于部分数据库管理员或会计操作人员对系统用户口令的安全性认知不足，往往会采用电话号码、生日号码等简单的数字作为操作密码，这种做法给系统带来了严重的安全隐患，容易被网络黑客攻击。

在云会计运行中，企业的各种财务数据通过网络传递，数据的传输方式发生了改变，数据流动的确认方式也有了多种选择，因此，加强数据加密工作是确保云会计安全运行的重要保障。

尽管我国网络会计系统中使用了数据加密技术，但多数软件开发商在设计数据密钥模块时过于简单化，导致其加密效果并不理想。主要对软件本身进行加密以避免盗版问题，而对于数据安全加密技术的应用则相对较少。即使在系统进入时使用了用户密码和权限设置等安全检测措施，仍然不能称之为真正的数据加密。

在进行网络会计数据和信息传输时，必须使用特定的加密算法对其进行加密，以确保信息传输的可靠性和有效性，否则将无法保障信息的安全性。如果数据在互联网上传输时没有加密，那么就会存在安全隐患。此时，企业的竞争对手或网络黑客可以使用间谍软件或专业病毒，绕过财务软件的安全防护，进入企业的财务数据库，并且非法获取核心财务数据。此外，这些黑客还可能对数据进行恶意篡改，从而给企业带来更大的损失。企业最重要的财务数据被黑客盗取、篡改或意外泄露给非相关人员，这将对企业造成毁灭性的打击。

## 三、大数据在财务风险理论以及信贷风险中的实践

如果企业能够在财务决策、组织、控制和协调方面取得超越竞争对手的成果，那么它就能在竞争中获得无与伦比的优势。然而，随着时间的流逝，当前的商业环境变幻莫测，不稳定因素加剧了企业之间的竞争，因此企业不仅需要具备上述能力，还要具有强大的识别能力和对风险的预见能力。因此，目前企业管理的重点已经转向预防财务风险，而非治理财务风险，有效预警和控制财务风险已成为现代企业不可或缺的管理要素。

财务风险管理者应当将研究重点放在基于大数据的商务分析上，以实现商务管理中的实时决策和持续学习的能力。传统的数据挖掘和商务智能研究主要关注历史数据的分析，然而，随着大数据时代的到来，企业必须实时分析处理数据，以获取实时的商业洞察，从而获得更多商机。在大数据时代，企业可以通过实时监控和预警市场关键业绩指标（KPI），及时发现问题并做出最快的调整。同时，企业还可以建立新型的财务预警机制，以便及时规避市场风险。

企业现在面临的数据范围越来越广泛，数据之间的关系链也更加完整。这使财务管理者在数据分析过程中能够更全面地了解公司的运营现状和可能存在的问题，及时评估公司的财务状况和经营成果，预测当前的经营模式是否可持续，发现可能存在的危机，并为集团决策提供解决问题的方向和线索。

同时，财务管理者必须审慎筛选数据的质量，确保其合理、可靠和科学，及时发现数据质量方面的问题，以免因数据采集质量低劣而导致错误的决策。

### （一）大数据促进财务风险理论的重构

1. 传统的财务风险及预警

公司面临的风险主要包括商业风险和财务风险，以及不良后果可能导致的损失。商业风险是指公司在未来经营环境发生不确定变化时，可能会对其利润或财务状况造成影响的风险。公司未来的财务状况可能存在风险，其中包括外汇、利率、信贷、负债、现金流等方面的不确定性，这些风险可能会对利润或财富造成影响。一家公司如果进行过度交易，那么其现金流可能会面临高风险。过度投资库存、应收账款和设备导致现金流量出现负增长或贸易应付款的增加。过度交易与现金流和信贷风险密切相关，因此需要注意风险控制。

识别和防范风险是企业财务管理的核心和灵魂，这是毋庸置疑的。风险是财务理论中一个重要的核心观点和内容，应当包括以下要点：第一，财务理论中所提及的“风险”主要源于数理分析中的“风险性和不确定性”事件，这两者的含义虽然相似，但表述方式却大不相同。尽管财务理论有时强调“风险性”与“不确定性”之间的差异，但在“主观概率”的指导下，几乎将它们视为相同的概念。第二，财务理论通常着重于如何降低企业的流动性风险，即保证企业的偿付能力等具体风险。第三，财务理论在风险防范方面提供的解决方法之一是根据实际情况灵活调整资本结构。投资组合思想是证券投资理念中的一项重要内容，其核心在于将多种不同的投资品种进行合理组合，以达到风险分散、收益最大化的目的。

巴菲特认为，在学术界，对于风险的定义存在根本性的误解，风险应指“损失或损害的可能性”而不是以贝塔值来衡量价格波动性；使用贝塔值来评估风险的准确性存在缺陷，需要进一步改进；企业之间内在经营风险的巨大差异超出了贝塔值的测量范围。由此可以看出，该财务管理理论在风险和风险管理理念、内容和技术方面存在缺陷，仅从数学角度进行表达、计算和探索风险预防。

2. 企业财务风险管理理论重构

随着大数据时代的兴起，需要从多个角度重新审视财务风险管理理论。

我们需要重新界定财务风险的含义。财务风险是一个综合性概念，需要从多个角度、不同层面来进行考虑，也需要考虑到多种因素的多样性。一种理性且可靠的财务风险研究理论必须建立在对各个财务风险层次所包含的风险要素、风险根源和风险现象的深刻领悟和探究的基础上。

对风险评估系统进行重新构建。公司应当减少对金融风险管理工具的依赖。在大数据时代，财务管理理论必须注重实践应用，以便更好地制定有效的企业经营风险预警系统。有效的风险预警能力是预防风险的重要策略。

企业为了有效地掌握经营风险，需要用基于大数据的模型，来进行多维度情景预测。预测模型在评估投资风险方面的应用范围包括新产品的市场前景、新兴市场的发展趋势以及企业并购的风险评估。将预测分析学、统计建模、数据挖掘等技术融合运用，可以构建预测模型，从而对潜在的危害和风险进行评估，并实现对项目风险的控制。借助大数据预测模型，万达集团能够高效地管理预算，并将其作为评估和预防风险的强大工具。

### （二）大数据在信贷风险中的应用

以 2008 年美国金融危机为例，房地产抵押贷款是导致这场危机爆发的主要原因之一。雷曼兄弟、房利美、房地美、美林和贝尔斯登等金融机构接连宣布破产或被收购。如果及时开发出可靠的大数据风险模型，对金融行业的系统性和宏观压力进行检测和测试，就有可能避免这场波及全球的金融危机，或者至少能够减轻由房贷风险溢出而引发的连锁反应。

假若华尔街在 2008 年之前应用了大数据财务风险模型，那么可望更精准地预测客户群体的风险，雷曼兄弟等公司或可因此避免潜在的危机。如果美联储和美国财政部能够运用大数据分析技术对宏观经济指标和金融市场变化进行及时关注，进而制定有效的金融危机预案和控制风险传递，那么全球经济就不会遭受那么严重的打击。

作为一个综合性企业集团，需要考虑各方面的因素并制定出一套完备的风险预警系统。为避免潜在的经济损失，我们需要利用大数据风险预测模型来对市场风险进行分析和诊断，并及时采取相应措施，以消除风险隐患。

商业银行长期以来一直在面临信贷风险这个难题。尽管信贷手册详细，监管措施得当，且信贷员们履职积极，但难免遭遇坏账风险，而且时常发生大型违约事件。大数据提供了一种准确、有价值的信息资源，可为银行信贷审批和决策提供新的视角和工具。银行在应对信贷风险方面的主要难题在于提前知晓一家企业可能面临的困境，而利用大数据技术可以帮助银行应对这一挑战。在过去，银行主要关注信用分析，依据历史数据，考量财务报表和管理团队的表现，以预测未来的趋势。社交媒体的出现为信贷分析提供了新的角度，包括微信、微博等社交网站、搜索引擎、物联网和电子商务等平台可提供人与人之间的社交网络、情感状态、兴趣爱好、购物习惯和个人经历等信息，这些信息对于银行而言十分有用。银行可以利用更准确和全面的数据来进行客户信用评估，以便根据不同情境做出与客户评级相关的调整，从而提前预测潜在的风险。通过这种方式，信贷决策能够更加准确地根据数据的变化情况进行判断，不再局限于受限制的历史数据和规则。信贷管理已经从被动的反应模式转变为主动的引领模式，由被动应对转变为积极开展工作。在信用评估方面，越来越重视对个人行为的分析，而不仅仅关注财务数据。此外，大数据技术革新了信贷审批与管理的模式，带来了深刻的变革。

# 参考文献


[1] 邹娅玲，肖梅崚 . 财务管理 [M]. 重庆：重庆大学出版社，2021.

[2] 黄国良 . 财务管理学 [M]. 徐州：中国矿业大学出版社有限责任公司，2021.

[3] 孙彦丛，郭奕，扶冰清 . 数字化时代的财务中台 [M]. 北京：中国财政经济出版社，2021.

[4] 徐燕 . 财务数字化建设助力企业价值提升 [M]. 广州：华南理工大学出版社，2021.

[5] 加里・奥布莱恩，迈克・梅森 . 数字化转型企业破局的 34 个锦囊 [M]. 郭晓，译 . 北京：机械工业出版社，2021.

[6] 龙敏 . 财务管理信息化研究 [M]. 长春：吉林大学出版社，2016.

[7] 谷祺，王棣华 . 高级财务管理 [M]. 沈阳：东北财经大学出版社，2010.

[8] 姬潮心，王媛 . 大数据时代下的企业财务管理研究 [M]. 北京：中国水利水电出版社，2018.

[9] 新道科技股份有限公司 . 财务数字化应用：初级 [M]. 北京：高等教育出版社，2020.

[10] 王宏利，彭程 . 企业财务管理数字化转型研究 [M]. 北京：中国财政经济出版社，2021.

[11] 李玺 . 数字技术驱动的金融企业财务共享模式探析 [J]. 国际商务财会，2023（8）：29–32.

[12] 张瑛楠 . 数字经济时代的企业财务管理转型思路 [J]. 财会学习，2023（10）：22–24.

[13] 张晓涛，田高良 . 基于数字经济时代智能财务的发展思路 [J]. 财会通讯，2023（6）：3–8.

[14] 黄静 . 数字经济时代“智慧财务”管理模式构建探讨 [J]. 中国集体经济，2023（8）：141–144.

[15] 张静，雒京华 . 区块链技术与数字财务的融合探讨 [J]. 广东交通职业技术学院学报，2022，21（4）：92–94，103.

[16] 张晓涛，田高良 . 基于“数字经济”的智能财务理论与发展新契机 [J]. 财会通讯，2022（22）：22–28，132.

[17] 田晓 . 基于财务共享模式下企业数字财务建设的思考 [J]. 财会学习，2022（26）：1–4.

[18] 田高良，张晓涛 . 数字经济时代智能财务基本框架与发展模式研究 [J]. 财会月刊，2022（20）：18–23..

[19] 江小毅 . 商业银行财务管理的数字化探索 [J]. 行政事业资产与财务，2022（1）：27–29.

[20] 宋辉 . 数字经济时代建筑企业财务转型新趋势 [J]. 中国中小企业，2021（12）：164–166.

[21] 崔缓 .T 公司财务管理模式研究 [D]. 长春：长春工业大学，2022.

[22] 臧蕊 . 数字经济背景下财务共享中心构建与绩效评价 [D]. 北京：北京化工大学，2022.

[23] 李秋语 . 企业财务数字化转型的动因、路径与后果 [D]. 北京：北京外国语大学，2022.

[24] 栾琳琳 . 数字经济时代下企业间高管联结与财务共享服务 [D]. 长春：吉林大学，2022.

[25] 杜曼曼 . 数字经济背景下传统零售业转型成效的财务分析 [D]. 上海：华东政法大学，2021.

[26] 雷世欢 .B 集团财务共享服务中心运营优化研究 [D]. 南昌：南昌大学，2020.

[27] 顾晓青 . 财务柔性对数字创意企业价值的影响研究 [D]. 长沙：湖南大学，2020.

[28] 李宛融 . 论数字化时代高校财务管理信息化 [D]. 哈尔滨：哈尔滨师范大学，2017.

[29] 王义 . 数字化背景下的企业会计档案管理研究 [D]. 长春：吉林大学，2012.

[30] 刘晓莉 . 数字化医院系统中财务管理系统的设计与实现 [D]. 成都：电子科技大学，2008.